LES ARCHIVES

DU

CONSULAT GÉNÉRAL DE FRANCE

A ALGER.

6938   TOULON. — IMP. D'E. AURÉL.

LES
ARCHIVES

DU

CONSULAT GÉNÉRAL DE FRANCE

A ALGER

—

RECUEIL DE DOCUMENTS INÉDITS
CONCERNANT SOIT LES RELATIONS POLITIQUES DE LA FRANCE
SOIT LES RAPPORTS COMMERCIAUX DE MARSEILLE
AVEC L'ANCIENNE RÉGENCE D'ALGER

—

PAR

ALBERT DEVOULX

Officier de l'ordre du Nicham de Tunis, Conservateur des Archives arabes du service de l'Enregistrement et des Domaines, à Alger,
Membre de la Société historique algérienne, Correspondant de l'Institut égyptien et de la Société académique du Var.

PUBLICATION HONORÉE D'UNE SOUSCRIPTION DU GOUVERNEMENT GÉNÉRAL
DE L'ALGÉRIE.

ALGER

BASTIDE, LIBRAIRE-ÉDITEUR.

PLACE DU GOUVERNEMENT.

1865

Alger, le 1er mai 1864.

A MONSIEUR MERCIER-LACOMBE,

Directeur-Général des services civils.

Monsieur le Directeur-Général,

La Société historique algérienne, dont j'ai l'honneur d'être le président, m'a confié la mission de faire en son nom, un appel à votre bienveillance éclairée pour le sujet que voici.

M. Albert Devoulx, conservateur des archives arabes du Domaine, a publié récemment la première partie des *Archives du consulat général de France à Alger*, et il a en manuscrit, tout-à-fait terminé, le complément de cet intéressant ouvrage, que des difficultés matérielles l'empêchent seules de faire paraître. Si toutes les ressources financières de notre Société n'étaient pas absorbées par la *Revue africaine*, elle aurait bien volontiers prêté son concours efficace à l'auteur ; mais à défaut d'une intervention directe elle a voulu, du moins, donner à M. Devoulx une preuve d'estime et de sympathie en appelant votre attention sur son œuvre complémentaire et en vous priant d'aider l'auteur à terminer sa publication. La Société n'a pas hésité à solliciter cette faveur auprès de vous parce qu'il s'agit d'une dépense peu importante et que le résultat littéraire à obtenir est d'un très-grand intérêt pour l'histoire de ce pays, et même pour celle de la métropole.

La Société sachant par plus d'un exemple que vos sympathies éclairées sont acquises à toute œuvre vraiment utile, vous recommande vivement l'affaire dont je viens de vous entretenir en son nom.

Je suis encore son organe, Monsieur le Directeur-Général, lorsque je viens vous prier de vouloir bien agréer nos très-respectueuses salutations.

A. BERBRUGGER,
Président de la Société historique algérienne.

Alger, le 13 mai 1864.

A MONSIEUR A. BERBRUGGER,

Président de la Société historique algérienne.

Monsieur le Président ,

Je m'empresse de vous informer, en réponse à la recommandation que vous m'avez adressée en faveur de M. Albert Devoulx, que par décision de ce jour et sur ma proposition, S. Ex. M. le Maréchal, Gouverneur-Général, a bien voulu m'autoriser à souscrire pour **250** exemplaires, soit pour une somme de cinq cents francs, à la **2e** partie des *Archives du Consulat de France à Alger*, que se propose de publier très-prochainement votre recommandé sous les auspices de la Société historique algérienne.

Le montant de la souscription sera délivré à M. Albert Devoulx sur la remise des exemplaires souscrits. Je vous prie de vouloir bien porter à sa connaissance cette décision que je suis heureux d'avoir obtenue par ce double motif qu'il s'agit d'une œuvre utile, et que cette œuvre est patronée par la Société savante que vous présidez.

Recevez, Monsieur le Président, l'assurance de mes sentiments les plus distingués.

Le Conseiller d'Etat, Directeur-Général des services civils,

MERCIER-LACOMBE.

INTRODUCTION.

L'école moderne dont Augustin Thierry est considéré
comme le chef ou tout au moins le promoteur, étudie
l'histoire dans ses sources originales. Aussi, depuis un
demi-siècle le dépouillement des archives publiques a pris
une grande importance et des travaux considérables se
sont effectués en France sous l'impulsion éclairée et
énergique des ministères de l'Intérieur et de l'Instruction
publique.

L'Algérie a suivi les errements de la métropole. L'administration supérieure de notre colonie, appréciant l'utilité de la publication des matériaux originaux avec lesquels
on pourra un jour construire l'histoire exacte et développée
de la Régence d'Alger — cette terre devenue française —
a toujours prêté un concours bienveillant et efficace aux
travailleurs. Pour ma part si je puis revendiquer l'honneur
d'avoir mis au jour un certain nombre de documents
inédits, je le dois surtout aux encouragements que l'administration a bien voulu me donner en plusieurs circonstances.

Dernièrement, un heureux hasard m'a permis de découvrir un dépôt de pièces françaises des plus importantes qui fixent des points historiques restés douteux,
révèlent des incidents ignorés et offrent de curieux et
intéressants détails sur nos rapports avec les Algériens
et l'emploi des deniers fournis par la chambre du commerce de Marseille. Je veux parler des archives du

consulat de France à Alger. Ce dépôt — si riche encore, malgré les pertes énormes qu'il a éprouvées — a pu échapper pendant trente-quatre ans aux investigations des travailleurs et je me suis efforcé de porter remède à un état de choses si préjudiciable aux intérêts de l'histoire des relations politiques et commerciales de la France avec la régence d'Alger. La *Revue de Marseille et de Provence* a bien voulu accueillir quelques articles qui renferment à peu près le tiers des documents que je me proposais de publier, et ces articles ont formé ensuite une petite brochure, dont l'édition fort restreinte a été aussitôt épuisée.

Le gouvernement-général de l'Algérie ayant daigné m'encourager dans mon entreprise en m'accordant une souscription importante pour la suite de ma publication, j'ai cru de mon devoir envers le public studieux de m'imposer de plus lourdes charges à mes risques et périls, et de refondre dans mon nouveau recueil toute ma première partie, que j'ai pu augmenter d'un grand nombre de pièces, notes ou renseignements échappés au classement primitif.

Qu'il me soit permis d'offrir ici mes remercîments à l'autorité supérieure de la colonie, et en particulier à M. le conseiller d'Etat Mercier-Lacombe, ancien directeur général des services civils, pour l'appui bienveillant qui m'a été accordé à l'occasion de ma nouvelle publication.

Alger, 26 décembre 1864.

LES ARCHIVES

DU

CONSULAT GÉNÉRAL DE FRANCE

A ALGER.

I

Dès le treizième siècle, les Marseillais avaient des relations commerciales sur les côtes Barbaresques, concurremment avec les Pisans, les Génois et les Catalans. En 1230, ils conclurent une étroite alliance avec le roi de Tunis. La commune de Marseille fit, au commencement du quatorzième siècle, un autre traité de commerce et de navigation avec le roi de Bougie, Khaled Ben Zakkaria. C'est ce qui résulte d'une lettre écrite au viguier de Marseille par le consul de Bougie, Peyre Jordans, pour se plaindre des difficultés qui entravaient le commerce des marchands et le prier d'adresser les remercîments de la commune au reïs Mohamed (commandant de la marine), qui seul, à Bougie, se montrait favorable au commerce marseillais.

Les rapports que le négoce avait établis entre les Marseillais et les Bougiotes nous sont peu connus. La lettre dont nous venons de parler, qui n'a pas de date, et un autre titre de l'an 1268, portant que « Hugues Borgonion, marchand de Marseille, nommé consul du navire *le Saint-Jacques*, pour le présent voyage qu'il va faire à Bougie, aura juridiction pleine et entière sur les passagers, » sont les seuls documents que nous fournissent les archives de cette ville.

Les marchands de Marseille portaient en Barbarie de l'étain qu'ils faisaient venir de Cornouailles, et qu'ils fondaient, des objets de quincaillerie, des toiles de France, des futaines, des draps d'Arles et de Grasse. A cette époque, la draperie formait encore une des branches d'industrie les plus lucratives de la Provence. Les draps de Marseille, sans être d'une grande finesse, étaient cependant recherchés par les étrangers.

Les Marseillais retiraient de l'Afrique des chevaux, des laines, de l'huile, de la cire et des cuirs. C'était surtout à Bougie qu'ils s'approvisionnaient de cette dernière marchandise. Un quartier particulier de Marseille était appelé *la Cuiraterie*, et les peaux que l'on y préparait se vendaient très-avantageusement en Espagne et même en Italie (1).

C'est en 1561 que fut créé l'établissement si connu dans l'histoire de l'Algérie sous le nom de *Bastion de France*. Deux négociants de Marseille, Thomas Linchès et Carlin Didier, s'associèrent pour trafiquer régulièrement avec les tribus du littoral oriental de la régence d'Alger. Ayant obtenu l'autorisation du Grand-Seigneur et le consentement des Arabes des environs, ils fondèrent dans une anse du rivage, à 12 lieues à l'est de Bône, un comptoir de commerce et une station pour la pêche du corail. Cet établissement eut à lutter contre de grandes difficultés. Linchès et Didier n'y firent pas de bonnes affaires, et durent le céder à un sieur de Moissac. Celui-ci fut plus heureux, et l'établissement français traversa les temps avec des péripéties dans l'histoire desquelles je n'ai pas à entrer.

En 1564, l'importance des intérêts commerciaux engagés en Afrique amena le gouvernement français à nouer à Alger des relations diplomatiques, dans lesquelles Marseille joua un rôle des plus importants. La chambre du commerce de cette ville fournissait, en effet, les fonds destinés à subvenir soit aux dépenses extraordinaires des nationaux, soit aux cadeaux présentés aux autorités algériennes. Vis-à-vis d'un peuple barbare, avide, vivant de rapines, méprisant les chrétiens, et foulant aux pieds le droit des gens, les remontrances étaient sans valeur et les menaces vaines; la seule manière d'obtenir quelque tranquillité sans faire trop bon marché de sa propre dignité, était d'offrir à propos d'adroits présents. Les négociants marseillais, en fournissant les cadeaux, ont contribué puissamment au maintien

---

(1) *Le Commerce et la Navigation de l'Algérie avant la conquête française,* par M. F. Elie de la Primaudaie. Paris, 1861.

des bonnes relations de la France avec Alger. De plus, la Chambre du commerce de Marseille paya directement les consuls jusqu'en 1718, et eut toujours exclusivement qualité pour délivrer à nos nationaux l'autorisation de résider dans le Levant et en Barbarie.

Marseille a donc conquis dans l'histoire de nos rapports avec la régence d'Alger, une place considérable que l'équité fait un devoir de mentionner, et il est d'autant plus à propos de rappeler ici l'importance du rôle joué en Algérie par cette ville, que le fait signalé ressort de la plupart des documents qui composent ce recueil.

II

Il était à présumer que les archives du consulat antérieures à 1682 avaient été détruites par les Algériens lors du bombardement de leur ville par Duquesne. On trouve la preuve de ce fait dans la note suivante, mise en tête de l'un des registres de chancellerie que j'ai compulsés :

« Arrangement des registres, minutes, documents et papiers de la chancellerie du consulat de France à Alger, depuis le consulat de M. André Piolle, en 1686, tous les autres documents et papiers antérieurs des greffes des premiers consulats établis à Alger ayant été saccagés et pillés par le peuple lors des armées navales envoyées par le Roi pour les bombardements des 8 aoust 1682 et 26 juin 1683 sous les ordres de M. Duquesne. La paix fut demandée au Roi par les Algériens en 1684 par un traité que M. le comte de Tourville signa avec le Divan, et qu'en 1688 M. le maréchal d'Estrées fit ratifier, après avoir fait bombarder la ville depuis le premier aoust jusqu'au seize, etc. »

Avant de présenter mes documents, je crois devoir rappeler sommairement les faits antérieurs aux événements de 1682.

En 1564, M. Pétremol de Norvoie, agent du roi de France à Constantinople, fatigué des plaintes inutiles qu'il ne cessait de porter aux ministres de la Porte au sujet des actes de baraterie et des avanies commis par les corsaires algériens contre notre commerce, proposa au roi de mettre à Alger un consul pareil à ceux que nous avions déjà en Égypte et en Syrie. Charles IX accueillit cette proposition, et Berthole, citoyen de Marseille, fut nommé consul d'Alger; il prêta serment entre les mains du comte de Tende, mais il ne fut jamais admis dans sa résidence.

Ramadan-Pacha, renégat sarde, étant gouverneur d'Alger en 1576, les échevins de Marseille voulurent lui envoyer un consul; mais influencé par la milice, qui n'approuvait point la présence d'une autorité chrétienne au sein de l'odjak, il refusa de le recevoir. Ce pacha ayant été remplacé par Hassan, dit le Vénitien, ce fut pour les Marseillais une occasion de renouveler leurs sollicitations. Le capitaine Maurice Sauron avait été désigné à l'avance pour ce poste, dans lequel il devait se faire remplacer, cette charge étant vénale, par un certain Guinguighotte; mais celui-ci ne fut point admis, et Hassan en donna lui-même avis à Marseille, en disant *que la chose répugnait aux marchands, au peuple et à tous* (1).

Le premier consul français qui résida à Alger fut M. Bionneau. Il dut prendre possession de sa charge peu après le renouvellement des capitulations de 1581. Quatre ans plus tard, il fut mis en prison, à la suite de quelques contestations, par l'ordre du pacha, et cette avanie amena de nouvelles réclamations du roi. On ignore si ce consul fut remplacé à la suite de cet incident. Nous perdons sa trace, et ce n'est plus qu'en 1597 que la correspondance manuscrite conservée aux archives de la Chambre de commerce de Marseille, nous fait connaître M. de Vias en qualité de consul de France à Alger. M. de Vias avait été conseiller d'Etat et maître des requêtes de Catherine de Médicis; banni pour son dévouement au roi, il n'était rentré à Marseille que lorsque cette ville eut secoué le joug des ligueurs. En 1618, fatigué du long séjour qu'il avait fait à Alger, il rentra en France avec son fils, laissant la gestion du consulat à M. Chaix, son vice consul.

MM. Balthazard de Vias, Ricou, Sanson Napollon, Blanchard, député de Marseille, et Samson-Lepage se succédèrent à Alger, soit comme consuls soit comme ambassadeurs au milieu d'événements fort agités dans le récit desquels je n'entrerai pas, car ce serait entreprendre l'histoire d'Alger, et tel n'est pas mon but. Sans entrer dans des détails qui m'entraîneraient trop loin, je puis

---

(1) *Précis de l'histoire d'Alger sous l'occupation turque*, par M. le capitaine de corvette Rang. Alger, 1839.

cependant emprunter à l'*Histoire d'Alger* de M. de Rotalier, le texte du traité de paix qui fut conclu entre la France et la Régence, le 29 septembre 1628, par les soins de Sanson Napollon. Par sa nature le document devait, en effet, trouver place dans mon recueil.

N° 1. — Traité de paix entre ceux d'Alger et les sujets du Roi pour le commerce, signé le 29 septembre 1628. (Dans le volume manuscrit de la bibliothèque royale intitulé : *Recueil des traités de paix du Turc avec les princes Chrétiens.*)

« Au nom de Dieu soit-il ! l'an mil six cent vingt-huit, le dix-neuvième jour du mois de septembre, et suivant le compte des Musulmans, mil trente-huit, et le vingtième jour de la lune de maran, en l'invincible ville d'Alger.

« Le très-puissant et très-glorieux empereur des musulmans, qui est l'ombre de Dieu sur la face de la terre, nous avoit envoyé ses sublimes commandements à la considération de son très-cher et parfait ami l'empereur de France, que Dieu augmente sa gloire et sa vertu ! lequel avoit envoyé en notre invincible ville d'Alger, par le capitaine Sanson Napollon, son aimé, les deux canons que Simon Danser nous avoit enlevés, ensemble nos frères musulmans qui estoient esclaves dans ses galères. Les quels commandements, canons et musulmans ayant conduit dans le port d'Alger, les avoit rendus en la puissance du très-illustre seigneur Assan-Bacha, que Dieu augmente ses jours ! et estant aussi assemblés, l'aga, chef de la milice, le mofty, le cady et les défenseurs de la loy et tous ceux de la milice du grand divan et conseil, où publiquement avons fait lecture du commandement du très-hault empereur des mousulmans, la substance desquels estoit ainsi.

« Vous aussi nos esclaves de la milice d'Alger, anciennement avez « vécu avec les François comme frères, mais à cause de quelques « méchants hommes parmi vous qui ont commis des actes contre « le debvoir et la justice, avez réputé les dits François comme en-« nemis ; maintenant que tout le passé soit passé et sans que vous « vous ressouveniez plus des injures, viviez comme frères et bons « amis. »

« Tous généralement, grands et petits, nous avons répondu, sommes contents et voulons obéir aux commandements de notre empereur, estant ses esclaves.

« De même avions fait lecture d'un traité d'amitié de l'empereur de France, la substance duquel dit ainsi :

« Tout ainsi que l'empereur des Musulmans, mon très-cher et « parfait ami, les jours du quel soient pleins ! m'avoit écrit qu'il « désire que l'on vescut de part et d'autre en l'advenir en bonne paix « et amitié, ce que j'ai eu à plaisir. »

« Tout le divan et conseil, grands et petits, ont solennellement juré et promis de conserver une bonne paix et amitié, et pour cet effet ils ont déclaré ici après ce qui se doit observer.

« Premièrement : que tous les esclaves mousulmans, réfugiés des pays de leurs ennemis, abordant dans le pays de France, leur sera donné libre passage pour revenir à Alger, et défenses seront faites à ceux qui habitent les villes des confins du royaume de France, et à toutes autres personnes de ne vendre, ne rendre lesdits mousulmans à ses ennemis.

« Lorsque les navires d'Alger avec les François se rencontreront, s'estant reconnus, se donneront des nouvelles réciproques comme vrais et bons amis, sans que ceux d'Alger puissent aller dans les navires ou barques françoises pour y prendre aucune chose que ce soit, ni changer voiles, câbles, canons, ni aucune munition de guerre, ni autre chose, ni moins pouvoient-ils menascer ni battre les patrons, escrivains, garçons, ni autres du navire et barque, pour leur faire dire chose contraire à la vérité.

« Si les navires ou barques françoises seront chargées de marchandises du compte des ennemis du grand Seigneur, après qu'ils seront bien éclaircis, soit par manifeste rapport desdits patrons ou écrivains, ou mariniers, lesdits vaisseaux ou barques seront conduits en Alger, où leur sera payé le nolis et après s'en retourneront où bon leur semblera ; auxquels sera enjoint de ne plus tollir marchandises desdits ennemis, de crainte de ne perdre le crédit de son nolis.

« Tous les François qui se trouveront dans les navires de guerre des ennemis d'Alger et qui seront mariés et habitants aux pays desdits ennemis, estant pris dans tels navires, ils seront esclaves comme ennemis.

« Ayant les navires françois, reconnu et parlementé avec les navires d'Alger, après en estre éclairci, tels navires françois voulant combattre et commençant les premiers, estant pris seront esclaves ainsi qu'il est porté par les commandements du grand Seigneur.

« Ne pourront ceux d'Alger prendre aucun garçon pour le faire renier par force, ni lui faire aucune menace en façon quelconque ; que si quelqu'un François se vouloit renier volontairement, il sera conduit devant le divan, et déclarera franchement sa conscience quelle loi veut tenir sans aucune contrainte.

« Et, en cas qu'il y eût quelquefois des navires ou barques d'Alger qui rencontrent quelques navires ou barques françoises, ne voulant croire la parole et le témoignage du capitaine et escrivain françois, que les facultés de tels navires ou barques appartiennent aux François et qu'on voulut les conduire en Alger, à peine arrivés, seront les dits capitaines et escrivains interrogés dans le divan, avec paroles remplies d'amitié et de douceur, sans leur faire aucune menace, et s'ils persistent que les facultés appartiennent aux François, incontinent seront relaxés, et les raïs chastiés arbitrairement.

« Tous ceux qui seront natifs des pays ennemis d'Alger, mais qui seront mariés et habitués en France, ne pourront estre faits esclaves, comme aussi se rencontrant quelque François passager sur les navires desdits ennemis, ne pourront estre esclaves, pour ce qu'ils soient sujets dudit empereur de France.

« Et d'autant que ceux de la milice d'Alger qui seront raïs et capitaines de galères et navires de guerre, ne contreviendront jamais à ce traité de paix, aussi bien pourroit estre que quelqu'un de mauvaise vie, comme Mores et Togarins voulant armer pourroient rencontrer quelques navires ou barques françoises et les conduire à Salé ou aucuns lieux des ennemis des François, ce qui seroit au grand préjudice de l'intégrité de cette paix et donneroit des blâmes à ceux d'Alger, et par conséquent à ceste fin de prévoir de tels inconvénients il sera establi un très-bon ordre à ceste fin que tous ceux qui partiront d'Alger seront asseurés qu'ils y retourneront, deffendant aussy que aucun estranger ne soit fait raïs de galères et navires.

« Et semblablement, tant d'une part que d'autre promettons que nous nous obligeons, par ce présent traité, d'observer et maintenir de point en point tous et chacun des articles de capitulation d'entre nos deux monarques (que Dieu augmente leurs gloire et vertu) suivant lesquelles personne ne pourra entrer en la maison du consul des François, ni officier du divan, ni aucun de la milice, pour quelque occasion ni sujet que ce soit. Que si quelqu'un prétend quelque demande dudit conseil, il sera appelé en tout honneur avec un des cahoux (chaoux) du divan par-devant l'aga, chef dudit divan, où sera observé la justice ; à ceste fin que ledit consul françois vive en paix, tranquillité, et toute sorte d'honneur et respect.

« En cas qu'il y eust quelque mauvaise personne, tant de la part d'Alger que de la France , qui commist quelque action capable de contrevenir aux articles du présent traité aux préjudices des commandements et capitulations impériales, et qu'il cherchast quelque occasion pour pouvoir rompre cette paix, n'y a point de sujet capable de ce faire ; mais tels personnages seront punis de mort cruelle ; et à tous ceux qui contreviendront en aucun de ces présents articles, il sera tranché la teste.

« Et pour l'observation de tout ce qui est contenu aux présents articles, en la présence de très-illustre Ossan Bacha, de Massa-aga, chef de la milice, des Seigneurs mufty et cady, défenseurs de la loi, de tous les sages et anciens, et de ceux qui continuellement prient le très-hault Dieu, et tous ceux du divan et conseil de l'invincible milice d'Alger, grands et petits d'un commun accord et consentement, à la gloire et honneur des empereurs, et suivant ces commandements et capitulation impériale, avons fait et promis ceste paix, et donné parole avec serment et promesse de la maintenir et garder de point en point. Ayant fait du présent acte plusieurs copies semblables, scellées et signées de tous les susdits et nommés, l'une desquelles copies, sera gardée dans la caisse du sacré trésor du divan, une autre à l'empereur de France et aux lieux où besoing sera de les faire observer. Fait l'an et jour ci-dessus. » — (De la traduction de Salomon Cassin, interprète du roi, en Alger, le 4 octobre 1628).

En 1640 , les affaires du consulat étaient dirigées par le père Barreau, des Trinitaires de Marseille, ordre qui avait acquis cette charge. Le père Barreau quitta Alger en 1661 et fut remplacé par le père Dubourdieu qui rentra en France en 1671 , laissant le consulat entre les mains du père Levacher.

Pendant le bombardement d'Alger par Duquesne, en 1683, le père Levacher fut la victime de la colère des Algériens qui, pour se venger des pertes qu'ils essuyaient, l'attachèrent à la bouche d'un canon.

Lorsque Tourville eut conclu la paix en avril 1684, il laissa à Alger comme consul provisoire , M. Sorhainde, gouverneur du Bastion. Il me paraît sans utilité de donner le texte du traité de paix qui fut dressé à cette époque, attendu qu'il n'eut pas une

longue durée et qu'en 1689 il se trouva remplacé par une nouvelle
convention qu'on trouvera un peu plus loin. Le 9 Février 1685,
M. de Seignelay s'étant fait propriétaire de la charge du consulat
d'Alger, M. Piolle s'en rendit fermier au prix de 1500 livres. A la
suite d'une nouvelle rupture, ce consul fut arrêté et mis au bagne ;
il subit ensuite le supplice du canon comme le père Levacher, pendant le bombardement d'Alger par le maréchal d'Estrées, en 1688.

III

En 1689, il intervint entre la France et la Régence un nouveau
traité de paix dont on trouvera la teneur ci-après, et dont l'original
est à la bibliothèque publique d'Alger.

M. Berbrugger, le savant conservateur de la bibliothèque et du
musée, a publié ce document avec une orthographe moderne et des
annotations, dans le n° 42 de la *Revue africaine*, auquel je fais cet
emprunt.

N° 2.

« L'an mil six cent quatre-vingt neuf et le dix-neuvième jour du
mois de septembre, du règne du très-chrétien, très-puissant, très invincible prince Louis quatorzième du nom, par la grâce de Dieu, empereur de France et de Navarre, le sieur Guillaume Marcel, commissaire
des armées navales, envoyé par monseigneur le marquis de Seignelay, secrétaire d'État et des commandements de Sa Majesté
Impériale ; en conséquence de la lettre écrite par les très-illustres
et très-magnifiques seigneurs Hussein Pacha Dey, Divan et milice
de la ville et royaume d'Alger, à M. Girardin de Vauvré, conseiller
du Roi en ses conseils, intendant général des mers du Levant, par
laquelle ils auraient témoigné qu'il leur ferait plaisir de s'entremettre
pour le rétablissement de l'ancienne amitié et bonne correspondance
qui était autrefois entre les sujets de Sa Majesté Impériale et le
gouverneur de la ville et du royaume d'Alger, se serait présenté
dans ladite ville, où après avoir rendu sa lettre de créance et avoir
conféré plusieurs fois avec le susdit pacha Dey, il aurait été résolu
de part et d'autre de rétablir et même de conserver et de maintenir

à l'avenir une bonne paix et amitié ; et pour cet effet, ils seraient
convenus des articles qui suivent.

« Nous, Mehemmed et Emin, ayant été envoyé vers le très-
puissant et grand empereur de France, par l'illustre et magnifique
seigneur Hadji Chaban Dey pacha d'Alger, par tous les officiers du
Divan et par toute la milice, avec une procuration et plein pouvoir
de ratifier et d'affermir le traité ci-dessus entre le puissant empereur de France et le magnifique seigneur Dey pacha d'Alger, en
date du commencement du mois de mai 1689 ; en vertu de ce même
pouvoir et de l'ordre de l'empereur de France, nous avons ratifié ce
présent traité pour être exécuté de part et d'autre dans toute son
étendue et teneur. En foi de quoi, nous l'avons signé et scellé de
notre sceau au commmencement du mois de mai 1689.

« Signé : Mehemmed et Emin fils de Moustafa.

« Premièrement. Les capitulations faites et accordées entre l'Empereur de France et le Grand Seigneur ou leurs prédécesseurs ou
celles qui seront accordées de nouveau par l'embassadeur de France,
envoyé exprès à la Porte pour la paix et repos de leurs Etats, seront
exactement et sincèrement gardées et observées, sans que de part
et d'autre, il y soit contrevenu directement ou indirectement.

« 2. Toutes courses et actes d'hostilité tant par mer que par terre,
cesseront à l'avenir entre les vaisseaux et les sujets de l'Empereur de
France et les armateurs particuliers de la ville et royaume
d'Alger.

« 3. A l'avenir, il y aura paix entre l'Empereur de France et les
très-illustres pacha Dey, Divan et milice de la ville et royaume
d'Alger, et leurs sujets, et ils..... réciproquement faire le commerce dans les deux royaumes et naviguer en toute sûreté sans en
pouvoir être empêchés pour quelque cause et sous quelque prétexte
que ce soit.

« 4. Et, pour parvenir à la dite paix, il a été convenu d'un libre
rachat, de part et d'autre, pour les esclaves, sans distinction, au
prix qui sera réglé par le Pacha et le consul de l'empereur de
France ; exceptant néanmoins ledit Pacha, les deux équipages de
Mamet Oya et Amet Seguer, dont il pourra retirer la milice savoir,
les turcs à cent cinquante réaux pour chacun et les maures cent; ayant
promis ledit Pacha de donner un pareil nombre d'esclaves français au même prix.

« 5. Ledit Pacha, Divan et milice d'Alger feront crier publiquement, trois jours après la publication du présent traité que tous les patrons qui auront des esclaves français dans la ville ou à la campagne les laissent venir librement en toute diligence en la maison du consul pour prendre leurs noms seulement.

« 6. Les bâtiments français arrêtés dans le port d'Alger contre la bonne foi seront rendus avec tous leurs agrès, canons, armes, munitions, marchandises, effets et équipages, ou la juste valeur, suivant la liquidation qui en sera faite par le sieur Mercadier, consul de la nation française, moyennant quoi l'Empereur de France consentira à la restitution du Vaisseau le *Soleil* et des deux Caravelles le *Perroquet* et le *Dragon*, pris par les vaisseaux de Sa Majesté, avec leurs agrès, canons, effets et équipages. Du consentement des deux parties et tous comptes faits, on est demeuré quitte pour ce qu'ils se doivent rendre de part et d'autre, ainsi qu'il est mentionné dans l'article ci-dessus.

« 7. Les vaisseaux armés en guerre à Alger et dans les autres ports du Royaume, rencontrant en mer les vaisseaux et bâtiments naviguant sous l'étendard de France et passeport de l'amiral conforme à la copie qui sera transcrite à la fin du présent article, les laisseront en toute liberté continuer leur voyage sans les arrêter ni donner aucun empéchement, mais leur donneront tous les secours et assistances dont ils pourront avoir besoin, observant d'envoyer seulement deux personnes dans la chaloupe, outre le nombre des matelots nécessaire pour la conduire, et de donner ordre qu'il n'entre aucun autre que lesdites deux personnes dans lesdits vaisseaux sans la permission expresse du commandant; et réciproquement les vaisseaux français en useront de même à l'égard des vaisseaux appartenant aux armateurs particuliers de la dite ville et Royaume d'Alger qui seront porteurs des certificats du consul français établi dans la dite ville, desquels certificats suit ci-après la copie :

« *Passeport dont les vaisseaux français seront porteurs :*

« Louis Alexandre de Bourbon, comte de Toulouse, amiral de France à tous ceux qui ces présentes verront, salut.

« Savoir faisons que nous avons donné congé et passeport à ..... M° de ..... nommé ..... du port de ..... de s'en aller à ..... chargé de ..... et armé de ..... après que visitation de .... aura été bien et dûment faite. En témoin de quoi, nous avons fait mettre notre seing et le scel de nos armes à ces présentes et icelles fait contresigner par le Secrétaire général de la marine, à Paris le ..... 16 .....

signé L. Al. de Bourbon, comte de Toulouse, amiral de France ; et plus bas, par Monseigneur de Vallincour, et scellé.

« *Certificat du sieur consul de la nation française à Alger.*

« Nous ..... Consul de la nation française à Alger, certifions à tous qu'il appartiendra que le navire nommé ..... commandé par ..... du port de ..... ou environ, étant à présent au port et hâvre de ..... est armé de ..... appartenant aux sujets du royaume d'Alger. En foi de quoi, nous avons signé le présent certificat et apposé le scel de nos armes. Fait à Alger, le ..... jour de ..... 16 ..... signé ..... Consul.

« 8. Les vaisseaux de guerre et marchands, tant de France que d'Alger, seront reçus réciproquement dans les ports et rades des deux royaumes et il leur sera donné toute sorte de secours pour les navires et les équipages en cas de besoin ; comme aussi il leur sera fourni des vivres et agrès et généralement toutes autres choses nécessaires, en les payant aux prix ordinaires et accoutumés dans le lieu où ils auront relâché.

« 9. S'il arrivait que quelque vaisseau français étant à la rade d'Alger ou à quelqu'un des autres ports de ce royaume fut attaqué par des vaisseaux de guerre ennemis sous le canon des forteresses, il sera défendu et protégé par lesdits châteaux et le commandant obligera ledit vaisseau ennemi de donner un temps suffisant pour sortir et s'éloigner dudit port et rade, pendant lequel seront retenus lesdits vaisseaux ennemis sans qu'il leur soit permis de les poursuivre. Et la même chose s'exécutera de la part de l'empereur de France ; à condition toutefois que les vaisseaux armés en guerre à Alger et dans les autres ports du Royaume ne pourront faire des prises dans l'étendue de dix lieues des côtes de France.

« 10. Il a été consenti de la part de l'Empereur de France, qu'en cas que dans le nombre des Turcs qui seront achetés dans la suite pour servir sur ses galères, il s'en trouve quelqu'un, du corps de la paye et milice d'Alger, il leur sera libre après en avoir justifié pardevant le Consul de France dont ils rapporteront les certificats, de se racheter au prix dont ils conviendront avec l'intendant des galères, et les ordres nécessaires pour leur liberté seront donnés aussitôt que le payement en aura été fait entre les mains du Trésorier général des dites galères.

« 11. Tous les français pris par les ennemis de l'Empereur de France qui seront conduits à Alger et autres ports du royaume seront mis aussitôt en liberté sans pouvoir être retenus esclaves, même en cas que les vaisseaux de Tripoli, Tunis et autres qui pourront être en guerre avec l'empereur de France missent à terre des esclaves françois, ledit Pacha, Divan et Milice de ladite ville et royaume d'Alger donneront dès à présent ordre à tous leurs gouverneurs de retenir lesdits esclaves et de travailler à les faire racheter par le Consul des François au meilleur prix qu'il se pourra. Et pareille chose se pratiquera en France à l'égard des habitants dudit royaume d'Alger.

« 12. Et à l'égard des Français qui ont été pris avant et depuis le dernier traité de 1681, jusques à la rupture, a été convenu qu'ils seront rachetés en payant 300 livres pour la rançon de chacun, quelque somme qu'ils aient été payés par leurs patrons.

« 13. Les étrangers passagers trouvés sur les vaisseaux françois, ni pareillement les françois pris sur les vaisseaux étrangers ne pourront être faits esclaves ni retenus sous quelque prétexte que ce puisse être, quand même les vaisseaux sur lesquels ils auraient été pris se seraient défendus, à moins qu'ils ne se trouvent actuellement engagés en qualité de matelots ou de soldats sur des vaisseaux ennemis et qu'ils soient pris les armes à la main.

« 14. Si quelque vaisseau françois se perdoit sur les côtes de la dépendance du royaume d'Alger, soit qu'ils soient poursuivis par les ennemis ou forcés par le mauvais temps, il sera secouru de tout ce dont il aura besoin pour être remis en mer et pour recouvrer les marchandises de son chargement, en payant les journées de ceux qui auront été employés, sans qu'on puisse exiger aucun droit ni tribut pour les marchandises qui seront mises à terre, à moins qu'elles ne soient vendues dans les ports dudit Royaume. Ce qui est mentionné au long dans cet article sera réciproquement exécuté de part et d'autre.

« 15. Tous les marchands françois qui aborderont aux ports ou côtes du royaume d'Alger pourront mettre à terre leurs marchandises, vendre et acheter librement sans payer autre chose que ce qu'ont accoutumé de payer les habitants dudit Royaume; et il en sera usé de la même manière dans les ports de la domination de France. Et en cas que lesdits marchands ne missent leurs marchandises à terre que pour entrepôt, ils pourront les rembarquer sans payer aucuns droits.

« 16. Les Pacha, Dey, Divan et milice d'Alger ne permettront sous quelque prétexte que ce soit à aucuns Corsaires de Barbarie avec lesquels l'Empereur de France pourra être en guerre, d'armer dans les ports de la domination d'Alger, ni d'y emmener ni vendre les prises qu'ils auront faites sur lesdits Français, comme ils feront défense à tous leurs sujets d'armer sous commission d'aucun prince ennemi de la couronne de France.

« 17. Les Français ne pourront être contraints pour quelque prétexte que ce puisse être, à charger sur leurs vaisseaux aucune chose contre leur volonté ni faire aucun voyage où ils n'auraient pas dessein d'aller.

« 18. Pourra, le dit Empereur de France, continuer l'établissement d'un consul à Alger pour assister les marchands français dans tous leurs besoins, et pourra ledit consul exercer en liberté dans sa maison la religion chrétienne tant pour lui que pour tous les chrétiens qui y voudront assister, comme aussi peuvent les Turcs de la dite ville et royaume d'Alger qui viendront en France, faire dans leurs maisons l'exercice de leur religion. Et aura ledit consul, la prééminence sur les autres consuls et tout pouvoir et juridiction dans les différents qui pourront naître entre les Français, sans que les juges de la dite ville d'Alger en puissent prendre aucune connaissance·

« 19. Si un Français se voulait faire Turc, il ne pourra être reçu qu'au préalable il n'est persisté trois fois vingt-quatre heures dans cette résolution, pendant lequel temps il sera mis en dépôt entre les mains du Consul.

« 20. Il sera permis audit Consul de choisir son drogman et son courtier et d'aller librement à bord des vaisseaux qui se trouveront en rade toutes et quantes fois qu'il lui plaira, et aussi de choisir une maison où il jugera à propos en payant, et d'avoir deux janissaires à sa porte qu'il pourra changer quand il voudra.

« 21. S'il arrive quelque différent entre un Français et un Turc ou Maure, ils ne pourront être jugés par les juges ordinaires, mais bien par le conseil desdits Pacha, Dey et Divan et par le commandant dans les ports où les différents arriveront.

« 22. Ne sera ledit consul tenu de payer aucune dette pour les marchands françois, s'il n'y est obligé par écrit ; et seront les effets des Français qui mourront audit pays, remis ès-mains dudit Consul pour en disposer au profit des Français ou autres auxquels ils appartiendront. Et la même chose sera observée à l'égard des Turcs dudit royaume d'Alger qui viendront s'établir en France.

« 23. Jouira, ledit consul, de l'exemption de tous droits pour les provisions, vivres et marchandises nécessaires pour sa maison.

« 24. Tout Français qui aura frappé un Turc ou Maure ne pourra être puni qu'après avoir fait appeler ledit consul pour défendre la cause dudit Français ; et en cas que ledit Français se sauve, ne pourra, ledit consul en être responsable.

« 25. Le père de la Mission qui fait la fonction de vicaire apostolique à Alger pourra, avec son confrère, assister les esclaves qui sont dans ledit royaume même dans les bagnes du Pacha et Dey, et seront les missionnaires de quelque nation qu'ils puissent être, regardés comme sujets de l'Empereur de France qui les prend en sa protection ; et en cette qualité ne pourront en aucune manière être inquiétés, mais maintenus et secourus par le consul comme Français.

« 26. S'il arrive quelque contravention au présent traité, il ne sera fait aucun acte d'hostilité qu'après un déni formel de justice; et pour faciliter l'établissement du commerce et le rendre ferme et stable, le très illustre Pacha Dey, Divan et milice d'Alger enverront, quand ils l'estimeront à propos une personne de qualité d'entre eux résider à Marseille pour entendre sur les lieux les plaintes qui pourraient arriver sur les contraventions au présent traité, auquel il sera fait en ladite ville toute sorte de bons traitements.

« 27. Si quelque corsaire de France ou dudit royaume d'Alger fait tort à vaisseaux français ou à des corsaires de ladite ville qu'il trouvera en mer, il en sera puni et tous les armateurs responsables.

« 28. Si les vaisseaux d'Alger qui sont présentement en mer avaient pris quelque bâtiment français passé le quatorzième jour du mois d'octobre prochain, ils seront rendus aussitôt qu'ils seront arrivés en ladite ville, avec toutes les marchandises, effets, argent comptant, robe (effets) des équipages. Et il en sera usé de même si les bâtiments français avaient pris quelques bâtiments de ladite ville d'Alger.

« 29. Toutes les fois qu'un vaisseau de guerre de l'Empereur de France viend a mouiller devant la rade d'Alger, aussitôt que le consul en aura averti le gouverneur, ledit vaisseau de guerre sera salué, à proportion de la marque de commandement qu'il portera, par les châteaux et forts de ladite ville et d'un plus grand nombre de coups de canon que ceux de toutes les autres nations, et il rendra coup pour coup. Bien entendu que pareille chose se pratiquera dans la rencontre desdits vaisseaux de guerre en mer.

« 30. Si le présent traité de paix conclu entre le sieur Marcel pour l'Empereur de France, et le Pacha, Dey, Divan et milice d'Alger et dudit royaume, venait à être rompu (ce qu'à Dieu ne plaise!) tous les marchands français qui seront dans l'étendue dudit royaume pourront se retirer avec tous leurs effets partout où bon leur semblera sans qu'ils puissent être arrêtés pendant le temps de trois mois.

« 31. Les articles ci-dessus seront ratifiés et confirmés par l'Empereur de France et par les Pacha, Dey, Divan et milice de ladite ville et royaume d'Alger pour être observés par leurs sujets pendant le temps de cent années. Et afin que personne n'en prétende cause d'ignorance, seront publiés et ratifiés partout où besoin sera.

« Fait et arrêté entre ledit sieur Marcel, pour ledit Empereur de France, d'une part et lesdits Pacha, Dey, Divan et milice de ladite ville et royaume d'Alger, de l'autre, le 24 septembre 1689. »

« Au nom de Dieu misericordieux, louange au Dieu et Roi éternel et grâce soit rendue à ce Roi des Rois qui est seul puissant et créateur du monde.

« Le très-honoré, très-puissant seigneur Hadji Chaban, Dey pacha d'Alger, voulant du consentement du Divan, de tous les officiers de l'État, de toute la milice et de tous les habitants du pays, maintenir le présent traité de paix dans toute sa force et teneur et dans toute son étendue, il m'a envoyé vers le très-haut, très-grand et très-puissant Empereur de France, avec une procuration véritable et spéciale et un plein pouvoir de lui et de toutes les puissances pour ratifier le présent traité de paix. Chargé de ses pouvoirs, j'ai eu l'honneur de paraître devant le très-grand et très-victorieux Empereur de France; et lui ayant fait les protestations de respect, d'attachement et d'amitié de notre illustre et magnifique Dey et Divan dont j'étais chargé, Sa Majesté Impériale m'a fait de sa propre bouche une réponse très favorable et très obligeante, et il m'a fait connaître par ce traitement favorable sa bonne volonté pour le royaume d'Alger et le désir sincère de maintenir avec nous une parfaite et éternelle intelligence pour le bien de ses sujets et ceux du royaume d'Alger. C'est pourquoi pour donner des assurances certaines à Sa Majesté Impériale de la fidélité avec laquelle l'illustre et magnifique Dey et Divan prétendent entretenir la bonne intelligence, en vertu de la procuration et du plein pouvoir dont je suis chargé, j'ai ratifié et ratifie le présent traité de paix pour être observé de part et d'autre pendant cent ans, à compter du jour de ma ratification, dans toute sa force et teneur et dans toute son étendue. Et de plus, j'ai déclaré et déclare que telle est l'intention de l'illustre et magnifique Dey et Divan, et de toutes les puissances du royaume d'Alger. Je prie Dieu qu'il fasse tomber ses malédictions sur ceux qui seront premiers à faire infraction au présent traité et ceux même qui auront dessein de le troubler par leurs inspirations diaboliques. Et pour foi de ma présente ratification, j'ai signé et apposé mon cachet le 15 décembre 1690.. — Dusault. »

« La présente ratification faite par M. l'envoyé du Divan d'Alger a été traduite de l'ordre de M. Robert par nous, interprète du Roi pour les affaires de la marine à Toulon. — Signé : De la Magdelaine. »

« Le Roi ayant agréé le traité ci-dessus convenu entre le sieur Marcel, commissaire ordinaire de la marine, et les illustres et magnifiques seigneurs les Dey, Divan et milice d'Alger, pour l'établissement d'une paix solide entre ses sujets et ceux du royaume d'Alger, Sa Majesté a trouvé ledit traité conforme à ses intentions en tous les points qui y sont contenus; elle l'approuve, ratifie et confirme, et promet en foi et parole de Roi de le faire exécuter par ses sujets sans souffrir qu'il y soit contrevenu directement ni indirectement en quelque sorte et manière que ce soit. Donné à Versailles, le vingt-septième jour de décembre mil six cent quatre-vingt-dix. — Signé : Louis. Et plus bas : Philippeaux. (sic). »

« Le très-puissant Empereur de France et Roi de Navarre, au moyen de l'échange qui a été fait de ses sujets qui étaient détenus à Alger, avec ceux du dit royaume d'Alger qui étaient sur les galères de France, à Marseille, auraient réglé généralement toutes contestations qui étaient indécises et à régler avec les très-illustres et magnifiques seigneurs les Pacha Dey, Divan et milice d'Alger, et le sieur Denis Dusault, envoyé de Sa Majesté Impériale auprès desdites puissances; lequel au nom de sadite Majesté Impériale et Roi de Navarre, d'une part, et l'illustre et magnifique Hadji Chaban, chef et gouverneur dudit royaume, d'autre; ont déclaré comme ils déclarent par les présentes que le traité mentionné ci-dessus pour l'établissement d'une paix solide entre les sujets de Sa Majesté Impériale et ceux dudit royaume d'Alger, est conforme aux intentions de sadite Majesté et dudit Chaban, Dey, lesquels l'ont approuvé en

2

tous les points qui y sont contenus, l'approuvent, ratifient et confirment. Au moyen de quoi toutes prétentions de part et d'autres demeurent éteintes et comme non-avenues. Et promet, ledit sieur Dusault, au nom de sadite Majesté Impériale, de le faire exécuter par ses sujets, sans souffrir qu'il y soit contrevenu directement ni indirectement, en quelque sorte et manière que ce soit; comme aussi promettent lesdits Pacha Dey, Divan et milice d'Alger de le faire exécuter de la même manière.

« Fait double et publié en la maison du Roi, le Divan assemblé, où étaient les très-illustres et magnifiques seigneurs Hadji Chaban, Dey, le Muphti, le Cadi des Turcs et celui des Maures, l'Agha de la milice et les gens de la loi de justice et de guerre, le   du mois d'avril mil six cent quatre-vingt douze, et de l'Hégire, le   de la lune de Redjeb, l'an mil cent trois. En témoins desquelles choses, lesdits seigneurs Dey, ledit sieur Dusault, ont souscrit le présent traité de leurs noms et à icelui fait imprimer leurs cachets ordinaires. — Dusault. »

M. Barthélemy Mercadier notre consul, à Alger, y était mal vu. Il fut bientôt reconnu qu'il ne convenait nullement aux fonctions qu'il devait à la faveur, et on le destitua. M. Lemaire le remplaça provisoirement, et fut confirmé dans sa charge peu de temps après. Voici les documents qu'on trouve à ce sujet dans les *Archives du Consulat :*

N⁰ 3. — Note.

« M. Mercadier fut révoqué par ordre du Roy en datte du 8 février 1690, et embarqué sur le vaisseau du Roy commandé par M. de Blanac, par verbal en datte du 25 mars 1690, dressé par M. Guillaume Marcel, commissaire ordinaire de la marine, député pour l'exécution du traité de paix entre Sa Majesté et le gouvernement de la ville et royaume d'Alger. »

N⁰ 4. — Procès-verbal de Chancellerie.

« Nous Guillaume Marcel, cons. du Roy, commissaire ordinaire de la marine, député pour l'exécution du traité de paix entre Sa Majesté et le gouvernement de la ville et Royaume d'Alger, sçavoir faisons que Sa Majesté ayant révoqué, par un ordre du . . . . . février dernier, qui sera enregistré ci-dessous, le sieur Barthélemy Mercadier, consul en cette dite ville, nous l'aurions, cejourd'hui, sur les quatre heures après midy, fait embarquer en vertu dudit o.dre, et envoyé à bord du Sr de Blanac, commandant les vaisseaux de Sa Majesté en la rade d'Alger, l'ayant nous-même accompagné jusqu'à la marine, et même fort avant sur mer, tant pour l'honneur de la charge qu'il avait que pour le garantir des insultes dont il estoit publiquement menacé, et d'autant que le consulat se trouve vacant par la révocation dudit consul, et qu'il est nécessaire d'y pourvoir d'une personne capable et suffisant pour en faire les fonctions, nous aurions fait choix de la personne du Sr Réné Le Maire pour exercer par commission, sous le bon plaisir de Sa Majesté, jusques à ce qu'il y soit par elle pourvu, et l'aurions présenté cejourd'hui au Dey pour en avoir l'agrément et le reconnaistre pour tel, ce qu'il aurait agréablement accordé, après quoi nous lui aurions fait prêter le serment de fidélité requis et nécessaire, et l'aurions fait reconnaistre en la manière susd. par la nation, et parce que ledit Sr Mercadier nous a remis le scel royal et les papiers de la chancellerie qu'il avait entre ses mains, consistant en deux cayers, etc. En foy de quoy et de tout ce que dessous, nous avons signé les présentes et fait signer par ledit S^r Le Maire à Alger, le 25 mars 1690. — (*Signatures*) MARCEL. LE MAIRE. »

« Teneur du susd. ordre.

« De par le Roy,

« Sa Majesté n'estant pas satisfaite de la conduite du Sr Mercadier, qu'elle a cy devant pourvu du consulat d'Alger, elle l'a revoqué et révoque, avec défenses à lui de faire à l'avenir aucunes fonctions dudit consulat à peine de désobéissance. Fait à Versaille, le 8 février 1690. *Signé* : LOUIS. Et plus bas, COLBERT. »

En 1697, le pacha El Hadj Ahmed, homme violent, grossier et cruel, ayant maltraité M. Le Maire, avec menace de le faire mettre à la bouche d'un canon, ce consul prit l'épouvante, et dans un moment de faiblesse, s'enfuit d'Alger. M. de Pontchartrain donna aussitôt l'ordre à M. Dusault de se rendre en Barbarie afin d'y maintenir la paix jusqu'à ce qu'on eût pourvu au consulat. Quelque temps après, M. Durand vint occuper ce poste. Les archives du consulat fournissent les renseignements suivants sur ce changement de consul.

N° 5. — Note

« Du 30 avril 1697. M. Réné Le Maire ayant été à bord du vaisseau du Roy appelé l'*Heureux-Retour*, commandé par M. le cheva-

lier de Pallary, constitua procureur à Alger le sieur Jean Declairambault, interprette du Roy, pour, en qualité de chancelier, gérer les
affaires du consulat. C'est depuis le 30 avril 1697 que finissent les
écritures de M. Réné Le Maire et de Nicolas Ficher chancelier.
M. Denis Dussault, envoyé extraordinaire du Roy vers les puissances
de Barbarie, étant à Alger, expédiait les bâtiments français. Ledit
sieur Declairambault ne commença d'exercer la chancellerie que
depuis le 5 juin 1697. »

Nᵒ 6. — Note.

« M. Philippe-Jacques Durand, écuyer conseiller du Roy, consul
pour Sa Majesté très-chrestienne en cette ville et royaume d'Alger.
Ses provisions de consul dattées de Versaille du 20 novembre 1697,
enregistrées à Alger le 19 février 1698. M. Dussault, envoyé extraordinaire, tint une assemblée pour la réception dudit Sʳ Philippe-
Jacques Durand, du 20 février 1698. »

La pièce ci-après fait connaître que M. Dusault aplanit bientôt les
nouvelles difficultés qui s'étaient élevées et obtint le maintien du
traité de paix de 1689. L'original de ce document appartient à la
bibliothèque publique d'Alger.

Nᵒ 7.

« Nous Denis Dusault, envoyé extraordinaire du très-puissant
Empereur de France vers les puissances du Royaume d'Alger, d'une
part ; et les Dey, Divan et milice dudit Royaume d'Alger, d'autre ;
reconnaissons que ce jourd'huy nous avons entièrement réglé et finy
toutes les demandes que nous nous faisions respectivement et ce au
moyen de l'échange général qui a esté fait des sujets dudit Empereur
esclaves dans ce royaume, qui avoient été prins sous des pavillons
estrangers et ceux de nostre milice et sujets de nostre gouvernement
esclaves en France, en sorte que nous navons rien plus à nous demander de part ny d'autre. De plus nous confirmons en tant que de
besoin et le traitté de paix que nous avons cy devant conclu entre
nous, lequel aura son entière exécution suivant sa teneur sans rien
aumenter ny diminuer et dont il y a deux expéditions l'une au pouvoir du sieur Durand, Consul dudit Empereur de France et l'autre
dens nostre Divan. En temoin de quoy nous avons signé ses présentes
et fait aposer le sceau de nos armes. Fait double à Alger le quatrième jour de Mars mil six cens quatre-vingts-dix-huit, et de le

légíre de la lune de Ramadan lan mil cen et neuf. — (Signé) DUSAULT (cachet). cachet : AHMED. 1107. »

En 1700, le Dey Baba-Hassan, connu sous le nom de Kara-Barli, craignant de devenir la victime de l'une de ces révoltes de l'armée si communes à Alger, déposa le pouvoir et obtint de son successeur l'autorisation de se retirer à Tripoli. C'est sur un navire français demandé à notre Consul par le nouveau Dey, qu'il se rendit à cette destination. Cette circonstance, restée inconnue jusqu'à ce jour nous est révélée par la pièce suivante :

N° 8. — Ordonnance rendue par le consul de France à Alger.

« Nous Philippe-Jacques Durand, écuyer conseiller du Roy, consul pour Sa Majesté très-chrestienne en cette ville et royaume d'Alger; Baba-Assan, Dey de cette ville d'Alger ayant été dépossédé cejourd'hui, et en même temps ayant esté élu pour commander à sa place Agy-Moustafa, lequel nous a demandé un bâtiment pour porter ledit Baba-Assan, à Tripoly, où il a résolu de l'envoyer. Attendu les inconvénients qu'il y aurait à le luy refuser, et le préjudice auquel on exposerait la nation par un semblable refus. Ordonnons à patron Charles Brest, de Marseille, commandant la barque nommée *Nostre-Dame-de-la-Garde*, de recevoir à bord de sa dite barque ledit Baba-Assan, et faire voile incessamment pour le porter à Tripoly moyennant la somme de trois cent cinquante piastres que le Dey lui a accordé pour ledit voyage, à poine, en cas de retardement d'être procédé contre luy pour les accidents qui en pourraient arriver. En témoin de quoy nous avons signé les présentes, icelles fait sceller du sceau royal accoutumé, et contresigner par nostre chancelier. Donné à Alger, le vingt-troisième juillet mil sept cent. — (*Signé*) DURAND. »

Le consul crut devoir donner avis à sa cour du changement de Dey qui avait eu lieu à Alger, ainsi que nous l'apprend la pièce suivante :

N° 9. — Ordonnance.

« Nous, Philippe-Jacques Durand, etc. Estant nécessaire de donner avis à la cour de la révolution arrivée au Gouvernement d'Alger par l'élection d'un nouveau Dey. De l'avis de la nation, et conformément à l'acte d'assemblée tenue cejourd'huy, ordonnons à patron Simon Monginon, commandant la barque nommée *Saint-Antoine*,

lequel s'en va charger à Tenez du bled pour porter à Tripoly pour
le compte d'un More dudit Tripoly, après qu'il aura pris son chargement audit Tenez, de porter les dépesches pour la cour à Marseille
ou à Toulon, d'où il pourra continuer son voyage audit Tripoly,
moyennant deux cents livres qui lui seront payées de dédommagement par M^rs du commerce, conformément à la délibération de la
nation. Donné à Alger, le vingt-septième juillet mil sept cent etc. —
(*Signé*) DURAND, etc. »

La position des Français établis à Alger était des plus difficiles.
Ils craignaient sans cesse pour leur vie et pour leurs biens, car la
violation des traités n'était qu'un jeu pour une soldatesque brutale,
grossière, sanguinaire et rapace. Ils saisissaient donc toutes les occasions d'être agréables aux autorités algériennes, et à cet égard ils
avaient à rivaliser de zèle avec les Anglais, fort désireux de balancer
notre influence. Les archives du consulat fournissent sur ce sujet des
pièces fort curieuses, et notamment la suivante, que l'ordre chronologique m'appelle à classer ici :

N° **10.** — Assemblée.

« L'an mil sept cent, le dixième jour du mois de novembre, après
midy, M. Philippe-Jacques Durand, écuyer cons. du Roy, consul
pour S. M. T. C., ayant fait assembler la nation françoise de cette
ville d'Alger, seraient comparus M. Yves Lorance, prestre de la
mission, vicaire apostolique, MM. Michel et Despalleaux, agents de
MM. les intéressés au commerce du Bastion de France, tous résidents en cette ville, et y composant la nation françoise, auquel
mondit S^r le consul auroit représenté qu'à la nouvelle de la victoire
remportée par le Dey sur le Roy de Tunis, le consul d'Angleterre et
le P. administrateur de l'hospital (1) auraient fait des réjouissances,
ce qui avait donné lieu à quelque murmure contre les François qui
n'en firent point, et comme ledit consul anglais et ledit P. administrateur se préparent à faire d'autres réjouissances lorsque le Dey
arrivera en cette ville, il estoit question de délibérer sur ce qu'il
estoit à propos de faire, et a mondit sieur le consul signé. (*Signé*)
DURAND. »

« Surquoy, lesdits sieurs assemblés ont tous esté d'avis qu'il estoit

---

(1) Ce père administrateur était Espagnol. *(N. de l'A.)*

nécessaire de faire des réjouissances à l'arrivée du Dey, et empescher par là la prévention qui se pouroit établir dans les esprits en
faveur des Anglais et à nostre préjudice, et ont, lesdits sieurs assemblés, signé.(*Signé*) Despalleaux, Michel, Lorance, Clarambault,
chanc. »

Ainsi que je viens de le dire, les relations de la France avec la
Régence différaient essentiellement de celles qui s'établissent entre
nations civilisées, c'est-à-dire entre peuples ayant un respect réciproque pour l'observation des traités et la liberté individuelle. Les
musulmans se souciaient fort peu du droit des gens, et pour eux
les individus n'étaient que des ennemis que l'on pouvait tolérer par
intérêt, mais qu'on ne renonçait pas à accabler d'humiliations à la
première occasion. On comprend qu'en présence de relations internationales si faciles à compromettre, le gouvernement français n'accordât qu'avec beaucoup de réserve l'autorisation de s'établir en
pays musulman, car l'imprudence, la légèreté d'un seul pouvaient
amener la ruine et même la mort de tous les nationaux. Cette ma-
tière était réglementée par l'ordonnance royale ci-après, rendue en
vue de nos relations avec le Levant, et appliquée aux Français qui
désiraient s'établir à Alger.

N° 11.

« De par le Roy.

« Sa Majesté s'estant fait représenté l'ordonnance qu'Elle a rendüe
le 21 octobre 1685, par laquelle Elle aurait fait deffenses aux marchands françois qui voudront passer en Levant pour s'y establir, de
s'embarquer qu'après avoir esté examinez et reçus par la Chambre
du commerce establie à Marseille, et que leurs noms n'ayent esté
transcrits dans un registre tenu à cet effet ; à peine contre les contrevenants de deux mille livres d'amende applicables à l'hôpital des
forçats de ladite ville; et fait parcilles deffenses à tous capitaines et
patrons de vaisseaux, barques et autres bâtiments, de les recevoir
dans leur bord pour les conduire en Levant, qu'il ne leur eût apparu
de l'acte de leur réception par la Chambre du commerce, sous les
mesmes peines : Sa Majesté auroit esté informée que cette Chambre
accorde des certificats de résidence à des jeunes gens encore mi-
neurs, et sans capacité, et sans aucune expérience au fait du commerce, qui, par leurs débauches et par leurs cabales, troublent les

négociants qui résident dans ces échelles, et en interrompent le commerce ; et que les capitaines et patrons des bâtiments embarquent des François non-négociants pour le Levant, lesquels, sous prétexte de revenir sur le mesme bâtiment, passent ensuite d'une Echelle à l'autre ; et ainsi, errants et vagabonds, sont à charge au corps de la nation, et causent souvent des avanies par leur imprudence et mauvaise conduite. A quoy estant nécessaire de pourvoir, Sa Majesté veut et entend que l'ordonnance du 21 octobre 1685 sera exécutée selon sa forme et teneur. Et en conséquence, a fait et fait très-expresses inhibitions et deffenses à tous marchands et autres François qui voudront passer en Levant pour s'y establir, de s'embarquer qu'après avoir esté examinez et reçus par la Chambre du commerce establie à Marseille, et que leurs noms n'ayent esté transcrits dans un registre qui sera tenu à cet effet, sans que ladite Chambre puisse accorder aucun certificat de résidence aux marchands et autres François qu'il ne luy ait apparu qu'ils sont agez au moins de vingt-cinq ans ; à l'effet de quoy il sera fait mention dans l'acte de réception du temps de leur naissance et de leur extrait baptistaire, que les postulants seront tenus de représenter. Veut Sa Majesté que les consuls des échelles du Levant fassent embarquer et revenir en France les François qui seront passez en Levant après la publication à la Loge de Marseille de la présente ordonnance sans avoir obtenu avant leur départ le certificat de la Chambre en la manière expliquee cy-dessus ; et fait très-expresses inhibitions et deffenses à tous capitaines et patrons des bâtiments françois de recevoir dans leurs bords aucuns François pour les conduire en Levant, qu'il ne leur ait apparu du certificat de leur réception, visé par le sieur Le Bret, premier président au Parlement d'Aix et intendant de justice, police, finances et du commerce en Provence, à peine contre lesdits François, capitaines et patrons de deux milles livres d'amende applicables à l'hôpital des forçats. Permet, Sa Majesté, auxdits capitaines et patrons d'embarquer pour les échelles ceux qui se proposeront de revenir par le mesme bâtiment, leur enjoignant de les ramener au mesme voyage sous pareille peine, et plus grande s'il échet. Enjoint, Sa Majesté, aux consuls de l'informer exactement de la conduite des passagers pendant leur séjour dans les échelles, et de les faire embarquer sur les bâtiments qni les auront amenez, et d'en user de mesmés à l'égard des autres François lorsqu'ils causeront quelque scandale ou tomberont dans quelques désordres, licences ou cabales ;

avec deffenses aux capitaines et patrons de leur permettre de se débarquer sous les mesmes peines. Mande, Sa Majesté, audit sieur Le Bret, aux Echevins Députez de ladite Chambre, et aux consuls des échelles de tenir la main chacun en droit soy à l'exécution de la présente ordonnance, qu'Elle veut estre enregistrée aux archives de ladite Chambre, et aux chancelleries des échelles leüe, publiée et affichée partout où besoin sera. Fait à Fontainebleau, le troisième de novembre mil sept cent. *Signé* : LOUIS. Et plus bas, PHELYPEAUX (1). »

« Pour le Roy { Collationné à l'orihinal par nous conseiller secrétaire du Roy, maison couronne de France et de ses finances.

« *(Signé)* LEPINŒU. »

IV

En 1705, M. Durand quitta, sur sa demande, l'échelle d'Alger et eut pour successeur M. de Clairembault, son chancelier, qui avait déjà fait l'intérim du consulat. Voici une note que je trouve à ce sujet dans les archives :

Nº 12.

« Du 30 novembre 1705. M. Philippe-Jacques Durand, partant d'Alger, par ordre du Roy, pour se rendre à Tunis, substitua par ordre de la cour le sieur Jean de Clairembault pour exercer le consulat. »

M. de Clairembault fut remplacé en 1717 par M. Jean Baume, au sujet duquel les archives renferment la note suivante :

Nº 13.

« Du 27 janvier 1717. M. Jean Baume, cy-devant consul à la Canée. Ses provisions en datte du 14 septembre 1716, enregistrées à Alger le 27 janvier 1717. »

---

(1) Cette ordonnance n'a été ni publiée ni mentionnée dans le recueil d'Isambert.

La Chambre de commerce de Marseille pourvoyait directement aux appointements des consuls dans les échelles du Levant et de Barbarie, au moyen d'un droit de tonnage qui lui était attribué à cet effet. Cet état de choses fut modifié en 1718, comme le constate l'enregistrement suivant, que je trouve dans un registre de chancellerie :

No 14.

« Enregistrement : Arrest du Conseil d'Estat du Roy, qui supprime le droit de tonnelage que la Chambre du commerce de Marseille percevait dans les eschelles du Levant, et la décharge du payement des appointements des consuls, du 10 janvier 1718. »

Les relations de la France avec la Régence étaient des plus anormales : en pleine paix, des navires français étaient capturés en mer et amenés à Alger, où la cargaison était vendue, et l'équipage et les passagers mis au bagne. Les nombreuses et pénibles démarches que le consul entreprenait en pareille circonstance n'avaient ordinairement pour résultat que la mise en liberté des nationaux, et encore les Algériens semblaient-ils considérer cette réparation comme une grande faveur ! Voici deux pièces relatives à des événements de cette nature :

No 15.

« Au nom de Dieu,

« Du dixième jour de février mil sept cent dix-huit, avant midy, pardevant le chancelier de ce consulat et témoins cy-bas nommés, nous Jean Baume, cons. du Roy, consul pour S. M. T. C. en cette ville et Royaume d'Alger, sçavoir faisons que le 26 du mois dernier, sur les 8 heures du matin, serait arrivé en ce port le vaisseau d'Alger le *Lyon-Blanc*, commandé par Soliman Rais, amenant une tartanne françoise, dans lequel temps nous aurions été chez le Dey pour en sçavoir les raisons et demander la justice deüe en pareille occasion : le capitaine corsaire a allégué que ladite tartanne avait toujours fui, n'avait arboré aucun pavillon, et qu'enfin elle n'avait point d'expéditions ; mais ayant appris le contraire par l'équipage de la tartanne, nous aurions réclamé le bâtiment et équipage, qui nous auroit été rendu sur le champ, en l'estat qu'il se trouvoit ; mais comme il avait été maltraitté, pillé, et les expéditions jettées à la mer, nous aurions demandé la restitution entière du pillage, et que le capitaine preneur fut puni et ceux qui avoient commis des actes d'hostilité ; sur quoy le Dey auroit ordonné ladite restitution sous peine de punition ; mais quelques châtiments qu'il ait fait faire, et quelques soins que nous nous soyons donnez pour que le tout fut entièrement restitué ; nous n'avons pu en venir à bout, et ayant reconnu par nostre visite que ce bâtiment estoit fort endommagé et le pillage considérable, avons ordonné que le patron Jean Barthélemy, du Martigues, commandant ladite tartanne appelée *N-D-de-Règle*, viendroit en nostre chancellerie consulaire, et pardevant nous, pour, avec prest de serment, exposer les faits, circonstances et dépendances de cet accident ; que les gens de l'équipage seraient ouïs pour déposer. La vérité est que ledit patron donneroit un rôle exact de ce qui a esté pillé et non restitué sur ladite tartanne, ensemble les dépenses faites pour la mettre en estat de naviguer, certifié de luy et de l'écrivain, pour le tout servir et valoir ainsy que de raison. Fait à Alger, dans la chancellerie consulaire de France, en présence de M. Lazare Loup, agent de la Compagnie d'Affrique, de M. Durand, v. consul de France en Candie, témoins requis et soussignés, avec nous dit consul et nostre chanc. — (*Signé*) BAUME, DURAND, LOUP, LAUGIER. chanc.

N° 16.

« L'an mil sept cent dix-huit, et le onzième jour du mois de février, avant midy, pardevant nous consul de France à Alger, et témoins cy-bas nommez, est comparu en personne le patron Jean Barthélemy, du Martigues, command. la tartanne nommée *N.-D.-de-Règle* ; lequel, en suite de l'ordonnance par nous rendue, et après avoir presté serment de dire vérité, nous a exposé qu'ayant fait sa dernière partance du port de Cette le dix-huit du mois dernier pour aller à sa destination, il se seroit trouvé, le vingt-un, N. et S. de Barcelone, à dix-huit lieues de distance, et auroit vu, sur les huit heures du matin, un vaisseau au vent, qui estoit au N. E., faisant route comme luy, au S. S. O. ; que ce vaisseau fist la mesme route tout le jour avec mesme voilure, sans mettre aucun pavillon, de sorte que luy patron le croyoit un vaisseau amy ; qu'une heure avant la nuit le vaisseau força de voile sur la tartanne, ce qui fit que le patron amena son quarré et mit la voile latine, et prit chasse, craignant que ce ne fut un saltin ; que le vaisseau arriva à bord sans rien dire, quoyque l'équipage de la tartanne crioit pour sçavoir qui il estait, ce qui fit que le patron voulut luy passer de l'avant ; mais s'estant trouvé sous la proue du vaisseau, il l'aborda de l'avant et luy enfonçat la proue de la tartanne, et rompit tous les membres jusques aux bittes ; alors le patron amena sa voile ; ce vaisseau, en même temps, fit une décharge de mousqueterie qui tua le nommé Jean-Baptiste . . . . . passager gênois, qui s'était embarqué à Marseille ; tout de suite, la chaloupe du vaisseau vint à bord de la tartanne avec beaucoup de monde ; ils jettèrent le portefeuille du patron à la mer avec les expéditions de Mgr. l'amiral et des classes et galères, pillèrent hardes, vivres, agrez, aparaux et marchandises, et menèrent l'équipage de la tartanne dans le vaisseau d'Alger appelé *le Lyon-Blanc*, et la tartanne fut amenée à Alger, où elle arriva avec le corsaire, le 26 du mois dernier. Et comme le dommage causé à ladite tartanne et marchandises et équipages est considérable, ledit patron Jean-Barthélemy a fait la présente déposition pour servir et valoir ainsy que de raison et requis acte. Lecture faite de tout ce que dessus, ledit patron a dit contenir vérité, et n'avoir rien à ajouter ny diminuer. Fait et passé en nostre chancellerie consulaire de France à Alger, en présence de M. Durand, v. consul de France en Candie, et d'Antoine Guien, témoins requis et soussignez, etc. »

N° 17.

« Nous, Jean Baume, conseiller du Roy, consul pour Sa Majesté très-chrestienne en cette ville et Royaume d'Alger, comme ainsy soit que la barque *la Marie*, de Rochefort, capitaine Pierre Le Beau, fut amenée en ce port par le corsaire d'Alger *Mamout-Rais*, le 26 juin dernier, et le chargement confisqué malgré nos représentations et protestations, nous aurions refusé les nolis que le Dey nous voulait donner au profit de ladite barque, espérant une plus grande satisfaction ; mais MM. Duquesne et de Maillet, les envoyez du Roy auprès du Dey, n'ayant pu obtenir la justice que nous attendions, et n'ayant plus aucune espérance sur la cargaison, nous aurions aujourd'huy receu lesdits nolis, que le Dey a réglé à la somme de trois cents piastres courantes d'Alger, etc. A Alger, le deuxième du mois de mars mil sept cent dix-huit (*Signé*) BAUME, ANTOINE GUIEN, DURAND, LAUGIER, chancelier. »

Je terminerai la gestion de M. Baume par les deux renseignements suivants :

N⁰ 18.

Enregistrement. « Ordonnance du Roy qui deffend à tous ses sujets et autres commerçans en Turquie, sous sa protection, d'achepter aucune chose prise sur les turcs, des corsaires malthois, ny de tous autres; du 22 mars 1718. »

N⁰ 19.

« 6 avril 1718. Lazare Loup, agent des intéressés au Bastion. »

V

Le 9 décembre 1719, M. Denis Dusault, envoyé extraordinaire et plénipotentiaire pour le renouvellement des traités avec Alger, Tunis et Tripoli, dressa un procès-verbal par lequel il nomma et commit le sieur Lazare Loup, agent des intéressés au Bastion, pour excercer provisoirement les fonctions de consul à Alger, en remplacement de M. Jean Baume qui rentrait en France. Le titulaire de ces fonctions fut M. Antoine Gabriel Durand, conseiller du Roy, dont les provisions datées du 19 mai 1720, furent enregistrées à Alger le 20 novembre suivant. La gestion de ce consul, qui dura dix ans, ne présente aucun fait saillant et ne me fournit que les documents ci-après :

N⁰ 20.

« Hengla, agent des intéressés au Bastion, 18 mars 1724 »

N⁰ 21.

« 2 mars 1728; Antoine Gabriel Durand, consul de France, donne 400 piastres de la Roze pour obtenir la liberté d'Isaac Israeb, de Tunes, juif, et éviter qu'il ne fut brûlé, à quoy il avoit esté condamné par le Dey qui l'avoit déjà livré pour cet effet au muzoir. »

N⁰ 22. — Enregistrement.

« Déclaration du Roy qui deffend aux capitaines des bastiments de Provence et de Languedoc d'engager aucun matelot pour un terme moins long que celuy porté sur les rolles d'équipages et congez, et aux matelots de quitter ces bâtiments dans les pays étran-

gers encore que le terme de leur engagement soit expiré.
Donné à Fontainebleau le 27 may 1730. Enregistré à Alger, le
26 février 1731. »

Nᵒ 23.

« Ordonnance du Roy concernant la patente de santé que doivent
prendre les capitaines et patrons des bâtiments qui commercent
dans les eschelles du Levant et de Barbarie.

« Du 6ᵉ septembre 1730.

« De par le Roy.

« Sa Majesté estant informée que les capitaines et patrons des
bastiments qui commercent dans les eschelles du Levant et de Barbarie, au lieu de faire viser dans chaque eschelle où ils abordent la
patente qu'ils ont dû prendre dans la première desdittes eschelles
où ils ont commencé leur chargement, conformément à l'ordonnance
du 26 février 1702, prennent plusieurs patentes de santé dans les
différents ports où ils relaschent, et ne présentent ensuite aux Intendants de la santé de Marseille et de Toulon, où ils doivent faire leur
retour, que celles qui peuvent les faire traiter plus favorablement
par rapport à la quarantaine, ce qui oste audits Intendants la connaissance du véritable estat de la santé dans les eschelles où lesdits
bâtiments ont communiqué, et pourrait introduire le mal contagieux
dans le royaume ; à quoy estant nécessaire de pourvoir : et Sa Majesté estimant à propos pour cet effet d'estendre les dispositions de
l'ordonnance du 26 février 1702, Elle a ordonné et ordonne ce qui
suit :

Article 1ᵉʳ « Tous capitaines et patrons des bastiments qui partiront d'une eschelle ou port du Levant et de Barbarie, où ils auront
commencé à charger des marchandises ou denrées, embarqué des
passagers ou reçu leurs fonds pour aller charger ailleurs, prendront
leur patente du consul ou vice-consul, lequel y fera une mention
exacte de l'estat actuel de ladite eschelle par rapport à la santé.

« 2ᵉ Lesdits capitaines et patrons ne se dessaisiront point de cette
première patente jusqu'à leur arrivée dans les ports de Toulon ou
de Marseille, où ils seront obligés de la représenter aux Intendants
de la santé, à peine de six mois de prison et d'estre privé pour toujours de leur maîtrise, à l'effet de quoy ils seront rayés des registres
des capitaines et patrons, et ne pourront à l'avenir servir en ladite
qualité sous quelque prétexte que ce soit.

« 3e Si pendant leur route, ils relaschent dans un ou plusieurs ports du Levant ou de la Méditerranée pour y communiquer, ils remettront cette première patente aux consuls ou vice-consuls dans lesdits ports, pour estre par eux visée, et ensuite rendue auxdits capitaines et patrons, sans que lesdits consuls ou vice-consuls puissent les retenir et les obliger d'en prendre une nouvelle, sous quelque prétexte que ce puisse estre, à peine de révocation.

« 4e Les patentes de santé seront visées par lesdits consuls et vice-consuls au moment qu'ils en seront requis par les capitaines et patrons, afin de ne pas retarder leur navigation.

« 5e Les consuls et vice-consuls déclareront dans leur visa l'estat actuel auquel la santé se trouvera dans les lieux de leur résidence, et y inscriront les avis qu'ils auront des maladies qui pourraient régner dans les autres endroits circonvoisins, à peine d'estre destitués de leurs emplois.

« 6° Deffend, Sa Majesté, sous la mesme peine auxdits consuls et vice-consuls et à leurs chanceliers d'exiger aucuns droits ni donatives pour le visa des patentes de santé des bastiments qui feront des relasches involontaires dans les ports de Levant et de Barbarie sans y charger; à l'égard de ceux qui après avoir fait une partie de leur chargement dans une eschelle aborderaient en d'autres ports pour y prendre des marchandises, denrées ou passagers, les capitaines et patrons seront tenus, en ce cas seulement, de payer trente sols pour le visa de leurs patentes de santé.

« 7e Si après qu'un capitaine ou patron aura fait viser sa patente dans une eschelle, il estoit obligé d'y séjourner, soit par les vents contraires ou autres cas imprévus, il sera obligé, avant son départ, de la présenter de nouveau au consul ou vice-consul de ladite eschelle pour y marquer sur le champ, et sans frais, les accidents qui pourraient estre arrivés dans l'intervalle par rapport à la santé.

« 8e Fait Sa Majesté très-expresses inhibitions et deffenses auxdits capitaines et patrons de présenter à leur arrivée dans les ports de Provence d'autre patente que celle qui leur aura esté délivrée dans le lieu de leur premier départ, au dos de laquelle seront les visa qu'ils y auront fait mettre aux endroits où ils auront touché pendant leur route, sous la mesme peine de dégradation et de six mois de prison.

« Mande Sa Majesté à Monsr. le comte de Toulouze, amiral de France, de tenir la main à l'exécution de la présente ordonnance, et de la faire lire, publier et enregistrer partout où bezoin sera, comme aussi au sieur Lebret , Conseiller d'Estat, Intendant de justice, police et finances en Provence, et du commerce de Levant, aux échevins et Députés de la Chambre du commerce de Marseille et aux Intendants de la santé de tenir pareillement la main, chacun en droit soy, à son exécution. Enjoint aux consuls et vice-consuls des eschelles de Levant et de Barbarie de s'y conformer. Fait à Versaille , le six septembre mil sept cent trente. *Signé* : LOUIS. Et plus bas, PHELIPEAUX.

« Le Comte de Toulouze,

« Amiral de France.

« Vu l'ordonnance du Roy cy-dessus, à nous adressée avec ordre de tenir la main à son exécution, mandons et ordonnons à tous ceux sur qui nostre pouvoir s'estend de si conformer chacun en droit soy et aux officiers des amirautés de Provence de l'enregistrer à leur greffe. Fait à Rambouillet, le huitième septembre mil sept cent trente. *Signé* : L.-A. DE BOURBON. Et plus bas : Par Son Altesse Sérénissime, *Signé :* LENFANT.

« Enregistré l'ordonnance du Roy cy-dessus selon sa forme et teneur, par nous Thomas Natoire, chancellier du consulat de France à Alger, soussigné, cejourd'hui sixième novembre mil sept cent trente. (*Signature.*)

N° 24.

Enregistrement. Déclaration du Roy portant qu'il ne sera laissé aucun mousse dans les échelles du Levant et Barbarie. Donné à Versailles, le 12 octobre 1730.

« . . . . Nous aurions esté informés que plusieurs mousses employés au commerce dans la Méditerranée sont restés en Levant et en Barbarie à cause des mauvais traitements qu'ils ont reçus à bord des bastiments sur lesquels ils estoient embarqués, et que les musulmans ayant trouvé beaucoup de facilité à les séduire, attendu la faiblesse de leur âge, les ont induits à embrasser la religion du pays; et voulant remédier à un abus que nostre zèle pour la Religion et nostre affection pour nos sujets ne nous permettent pas de tolérer. A ces causes et autres, à ce nous mouvants de nostre certaine science, pleine puissance et authorité Royale, nous avons fait et faisons par ces présentes, signées de nostre main, très-expresses inhibitions et deffenses à tous capitaines, maistres ou patrons de maltraiter et laisser maltraiter par les gens de leur équipage les mousses qui seront embarqués sur les bastiments qu'ils commanderont . . . . Deffendons aussy auxdits capitaines, maistres ou patrons, lorsqu'ils seront dans les eschelles du Levant et de Barbarie, de laisser descendre à terre aucun desdits mousses sans le mettre sous la garde d'un officier ou d'un matelot de confiance, à peine de trois cents livres d'amende pour chaque mousse qui, faute de cette précaution, sera resté dans lesdittes eschelles, etc. *Signé* : LOUIS, etc. Enregistré à Alger, le 26 février 1731. »

Après un séjour de dix ans, M. Durand décéda à Alger, ainsi que le constate la note ci-jointe, copiée sur un registre de chancellerie :

N° 25.

« Du 1er décembre 1730. Le sieur Antoine Gabriel Durand, après s'être fait extrêmement aimer des gens de ce pays, décéda à Alger fort regreté. Le sieur Thomas Natoire, chancelier, fit fonction de consul. »

Nos idées actuelles sur la liberté individuelle et nos tendances à l'abrogation progressive des restrictions qui pèsent encore sur le commerce, feront trouver étrange l'ordonnance royale ci-après, qui n'a pas été dictée exclusivement par le désir de préserver nos nationaux contre les excès des Barbaresques.

N° 26.

« Ordonnance du roy qui fixe à dix ans la résidence des négocians et artisans français dans les échelles du Levant et de Barbarie. Du 21e mars 1731 (1).

« De par le Roy.

« Sa Majesté estant informée que la pluspart de ses sujets résidans dans les eschelles du Levant et de Barbarie y contractent souvent des habitudes qui les y attachent pour toujours et leur font perdre l'idée de revenir dans le royaume pour jouir du fruit de leur travail, ce qui prive l'Estat du bien et des personnes de ces français, sans diminuer le nombre de ceux qui vont journellement s'establir dans les eschelles et qui, joints à ceux qui y sont déjà, grossissent le nombre des négocians d'une manière trop disproportionnée au com-

---

(1) Ce document n'a jamais été publié. On en trouve la mention dans le grand recueil des ordonnances connu sous le nom de Collection Isambert (t. **21**, pag. **357**), qui n'en donne pas le texte.

merce qu'ils peuvent faire et dont les avantages diminuent par l'espèce de confusion que tant de personnes dont les intérêts sont différents produisent. Et Sa Majesté ayant fait examiner dans son conseil royal de commerce les différents moyens par lesquels il pourrait être remédié à ces inconvénients, Elle a ordonné et ordonne ce qui suit :

« ARTICLE 1er. Les négocians français qui sont présentement establis dans les eschelles du Levant et de Barbarie sur les permissions de la chambre de commerce de Marseille pourront y continuer leur résidence pendant dix années à compter du jour que la présente ordonnance aura été enregistrée dans les chancelleries de chacune des dites eschelles après lequel temps de dix années, Sa Majesté enjoint auxdits négocians de revenir dans le Royaume, à peine de désobéissance, et aux consuls et vice-consuls de les y contraindre.

« ART. 2. Les négocians qui voudront à l'avenir passer en Levant et en Barbarie pour s'y establir, prendront le certificat de la chambre de commerce de Marseille et en la manière ordinaire, et ne pourront résider que dix ans dans l'eschelle qu'ils auront choisie, lesquels dix ans ne compteront que du jour de leur arrivée sur l'eschelle, dont le chancelier adressera son certificat à ladite chambre.

« ART. 3. Veut et entend Sa Majesté que les dispositions des deux précédents articles ayent lieu et soient observées à l'égard des artisans et gens de mestier, de quelque profession qu'ils soient, lesquels se trouvent présentement establis dans les eschelles de Levant et de Barbarie, ou qui pourront s'y establir dans la suite.

« ART. 4. Les marchans et artisans qui après avoir résidé en Levant et en Barbarie seront revenus en France, ne pourront y retourner qu'après un terme de cinq ans au moins, à compter du jour de leur départ desdits pays.

« ART. 5. Les commis des négocians ne seront point soumis aux mesmes dispositions pendant tout le temps qu'ils seront au service desdits négocians français et qu'ils s'instruiront pour se rendre capables de participer à leur commerce et les remplacer lors de leur retraite, ou en cas de mort ou de tout autre événement.

« ART. 6. Les domestiques pourront demeurer chez leurs maistres autant de tems qu'ils voudront les garder. Mais lorsqu'ils leur donneront congé et qu'ils seront inutiles sur les eschelles, les consuls les feront embarquer sur le premier bâtiment destiné pour France.

« ART. 7. Veut au surplus Sa Majesté que les ordonnances des 21 octobre 1685, 3 novembre 1710, 7 mars et 11 aoust 1716, 20 juillet 1726 et 25 aoust 1728, concernant la résidence des français en Levant et en Barbarie, soient exécutés selon leur forme et teneur, en tout ce à quoy il n'est pas dérogé par la présente ordonnance, etc. Fait à Versailles, le 21 mars 1731. Signé : LOUIS, etc. »

(Enregistré à Alger, le 13 juin 1733.)

L'esprit qui avait présidé à la rédaction de cette ordonnance était regrettable. La situation des Français établis en Barbarie ne présentait ni sécurité, ni agréments. A la merci d'un gouvernement brutal et sans stabilité, et d'une population fanatique et pillarde, nos nationaux se trouvaient dans une position fort précaire et pleine de périls. Aussi le nombre des Français établis en Barbarie était-il très-restreint. Pourquoi fixer une limite de séjour à ceux d'entre eux qui avaient fini par s'y créer des habitudes ? Il était irrationnel et vexatoire de poser de pareilles conditions à des hommes assez entreprenants pour habiter ces pays barbares et qui rendaient d'éminents services à la France, en contribuant à l'extension de son influence.

VI

L'intérim de M. Natoire cessa en 1731 par l'arrivée de M. Léon Delane, précédemment consul de France à la Canée (Candie), qu'une escadre commandée par Duguay-Trouin, amena à Alger. Les provisions de ce nouveau consul étaient datées du 13 décembre 1730 ; elles furent enregistrées à la chancellerie d'Alger, le 12 juin suivant.

C'est vers cette époque que je trouve le renseignement ci-après :

N° 27.

« Jean-Baptiste Fénix, directeur commandant à la calle d'ordre de la Compagnie d'Affrique pour et au nom du sieur Jacques Auriol, principal intéressé à la dite Compagnie, vint à Alger pour faire renouveller les anciens traittés ; 6 juillet 1731. » (Note inscrite sur un registre de chancellerie.)

M. Delane ayant refusé de déposer son épée lors de sa présentation au Dey, celui-ci prétendant voir dans ce refus un manque de respect pour sa personne et une violation des usages consacrés, defendit à notre consul de se présenter armé devant lui, le menaçant, en cas de récidive, de briser lui-même son arme. A la suite de cette vive altercation, il en fut référé de part et d'autre à la Cour de France. M. Delane exposa que ses prédécesseurs avaient pris, à l'égard des Deys, de mauvaises habitudes, telles que de leur baiser la main et de quitter l'épée devant eux ; qu'il avait pensé qu'en sa qualité de représentant de la plus grande nation de l'Europe, il ne devait se soumettre à aucun des actes humiliants que la faiblesse de quelques consuls, plus spéculateurs que magistrats, avait laissé passer en coutume. Enfin, il déclara que cette affaire lui avait été suscitée par la jalousie des consuls des autres nations qui depuis longtemps s'étaient soumis à ces formalités.

La guerre avec la Régence avait toujours eu pour résultats la ruine ou la mort de nos nationaux, sans amener d'avantages durables. Voulant éviter de nouvelles catastrophes, le Gouvernement français rappela M. Delane, qui reprit le consulat de la Canée. Le 5 juillet 1732, M. Benoît Le Maire, conseiller du Roy et successeur de M. Delane, fit enregistrer à Alger ses provisions portant la date du 16 avril précédent. Il faut bien le dire, ce nouveau consul ayant reçu l'ordre de se conformer aux usages établis, déposa son épée dans la pièce d'attente, lors de sa présentation. Flatté des procédés de la France, le Dey fit à notre consul la politesse de l'autoriser à en agir désormais comme bon lui semblerait au sujet de son épée. M. Le Maire ne crut devoir user qu'une seule fois de cette permission de peur d'exciter la jalousie de ses collègues ou de provoquer l'humeur de la milice.

Malgré la condescendance excessive montrée par la France, — ou, plutôt, à cause de cette condescendance, — son nouveau consul ne tarda pas à être en mésintelligence avec le gouvernement algérien. Quelques jours après son installation, il se trouvait en butte aux mauvais procédés du despote barbaresque, ainsi que le constate le procès-verbal suivant :

N⁰ 28.

« Assemblée tenuë cejourd'huy trente-un juillet mil sept cent trente-deux, par mandement de monsieur Benoît Le Maire, conseiller du Roy, consul en ce Royaume et ses dépendances, où se sont trouvés les cy-après nommés: MM. Joseph-François Martin, agent pour la compagnie d'Affrique, Jean Tourcaty et Paul Mercurin, marchands, auxquels monsieur le consul a dit : « Je vous ai fait « assembler, Messieurs, pour vous faire part du disgracieux procédé « du Dey à notre égard, et de la manière injurieuse avec laquelle « il a, hier matin, traité le sieur Ibrahim, notre truchement, qui va « vous en faire son rapport. Vous sçavès, Messieurs, que depuis le « moment de notre arrivée icy, nous avons employé tous nos soins « pour ménager ses bonnes grâces, qu'il a sensiblement témoigné « nous accorder. Cependant, hier, ayant envoyé, comme de coutume, « le truchement au Dey pour s'informer de sa santé, il lui dit que ce « n'estoit que pour venir espionner ses actions et ses mouvements pour « en donner advis aux Espagnols, et le reste qui vient de vous estre « rapporté par le sieur Ibrahim. Sur quoi, vous donnerès, s'il vous « plaît, vos advis et délibérations, pour prendre les mesures les « plus nécessaires et convenables pour prevenir et empescher, s'il « est possible, les offensants discours du Dey à la considération que « le Roy, notre maistre, a pour cette république et attendre l'occa- « sion favorable pour informer monseigneur le comte de Maurepas « de l'algarade qu'il fit hier à notre truchement très-mal à propos « et sans sujet, accoutumé qu'il est aux emportements dont il a « toujours usé envers notre prédécesseur et pour en arrêter le cours « à l'avenir. Et a signé (signé :) Le Maire. »

« Surquoy, lesdits sieurs assemblés ont, d'un consentement una- nime, estimés et délibérés que dans la situation où sont les affaires aujourd'huy par rapport à l'armée d'Espagne et les mouvements où se trouve le Dey pour s'y opposer, il estoit convenable de ne faire autre démarche que celle de rendre compte à M. le comte de Mau- repas de tout ce qui s'est passé et attendre sa réponse. Et ont signé avec le sieur Natoire, chancelier du consulat (signé :) Tourcaty, Mercurin, Joseph Martin, Natoire. »

Avec des gens brutaux et grossiers, une trop grande bienveillance engendre le mépris et une excessive urbanité éveille la méfiance. Il est curieux, en effet, de voir notre consul maltraité de la sorte pour avoir été trop poli envers le Dey, offusqué qu'on s'informât de sa santé avec tant de sollicitude et cherchant un piége sous des préve- nances qui lui paraissaient exagérées. Ce document prouve, une fois de plus, que l'excès en tout est un défaut. Il établit également que l'assemblée de la nation n'était pas seulement consultée pour le vote des cadeaux à offrir aux autorités algériennes et qu'elle jouait aussi un rôle dans les affaires politiques.

A la suite de cet incident, je trouve les documents ci-après :

N⁰ 29.

« Jean-François Martin, agent des intéressés du Bastion ; 6 septembre 1732. »

N⁰ 30. — Enregistrement.

« Par lettre du 10 juin 1733, Monseigneur le comte de Maurepas fait connaître à M. Le Maire, consul, que les dépenses qui peuvent être faites dans les eschelles de Barbarie à l'occasion des vaisseaux que le Roy juge à propos d'y envoyer sont fixées sur le pied de 20 livres par jour et pour chaque vaisseau. »

N⁰ 31.

« Thomas Dejouville, chancelier du consulat de France à Alger fut nommé agent par messieurs les directeurs de la Compagnie Royale d'Affrique ; 10 décembre 1733. »

L'aigreur qu'un excès de politesse avait fait naître entre le Dey et M. Benoit Le Maire ne put s'apaiser. La situation de notre consul ne fit qu'empirer et une lettre écrite par le comte de Maurepas à M. Le Maire, le 14 septembre 1734 renferme le passage suivant :

N⁰ 32.

« Sur ce qui m'a été représenté de la situation où vous vous trouvès à Alger par raport aux préventions du Dey contre vous, et du désir que vous avès de vous retirer, le sieur Taitbout a été nommé à votre place et Sa Majesté a bien voulu vous accorder une pension de 1,500 livres sur les appointements du consulat d'Alger qui vous sera payée par la chambre de commerce. »

Malgré cet avis officiel de son remplacement, M. Le Maire se trouvait encore à Alger le 18 avril 1735, ainsi que l'établit la pièce ci-après.

N⁰ 33. — Lettre de Monseigneur le comte de Maurepas à mondit sieur Le Maire, le 11 janvier 1735.

« J'ay receu les lettres que vous m'avès écrites d'Alger les 25 aoust, 9 septembre, 7 octobre, 17 novembre et 2 du mois de décembre dernier par lesquelles vous m'avès rendu compte de tout ce qui s'était passé dans cette eschelle, tant par rapport au commerce que par raport aux révolutions qui y sont survenues en dernier lieu et qui concernent le Bey d'Oran que le neveu du Dey a fait étrangler par son ordre et à la place duquel il a été substitué et l'élargissement d'Aly Bacha que le Dey retenoit en prison depuis long tems à la sollicitation du Bey de Tunis, son oncle. Le Roy a aprouvé toutes vos démarches auprès du Dey pour l'engager à vous faire remettre les cinq passagers mayorquins qui avaient été pris par une galiotte de Mostagan (Mostaganem) sur la tartanne françoise commandée par patron Maunier, du Martigues, et Sa Majesté a été bien aise d'aprendre que cette restitution n'avoit souffert aucune difficulté de la part du Dey. Vous avès bien fait d'accorder à ces passagers dans l'état misérable où ils se trouvoient, les secours dont ils avoient besoin et de leur faire fournir la subsistance et le passage jusqu'à Mahon dès deniers de la Chambre du commerce, etc. Signé Maurepas. Enregistré à Alger sur la réquisition de M. Le Maire, le 18 avril 1735.

VII

M. Alexis-Jean-Eustache Taitbout, écuyer, conseiller du Roy, arriva enfin à Alger, et y fit enregistrer, le 18 avril 1785, ses provisions datées du 14 septembre précédent.

Voici deux documents que me fournit la gestion de ce consul :

Nᵒ 34.

« Ordonnance du Roy prise en Conseil d'État le 7 mai 1735, prohibant l'introduction des cuirs tannés de l'étranger, par confirmation de l'arrest du Conseil d'État du 10 juillet 1703.

Nᵒ 35. — Assemblée de la nation pour un présent à faire au casnadar, tenue le 13ᵉ mars dernier.

« Aujourd'hui treizième mars de l'année mil sept cent trente-sept, nous soussignés ayant pris en considération les usages établis en certaines occasions du nombre desquelles il nous a paru qu'il falloit mettre le retour du cazenadar qui doit rentrer demain après une absence de six mois ; nous étant aussy rapellé tout le ressentiment qu'il a marqué de ce qu'à son retour de Tunis, il y a 17 mois, la nation française s'était abstenue de lui marquer plus particulièrement par un présent la joye qu'elle avait de son retour, et enfin ayant murement réfléchi sur la nécessité qu'il y a de ne point donner de prise à certaines personnes toujours jalouses du commerce des françois, toujours prêtes à les traverser même sur des prétextes aussy vains très-souvent que faux, et de se rendre favorable un homme en aussi grand crédit que l'est icy le cazenadar, lequel joint à l'importance de sa place, la qualité de neveu unique et chéri du Dey, nous avons jugé qu'il étoit indispensable de luy faire présent d'un caffetan de drap d'or.

« Délibéré à Alger dans l'assemblée tenuë dans la maison consulaire, le jour et an que dessus.

« (Signatures de :) Taitbout, P. Faroux, vicaire apostolique, Dengallière, Natoire, Dejouville, chancelier. »

A ces documents, j'ajouterai la lettre ci-après, formant le complément des ordonnances des 3 novembre 1700 et 21 mars 1731, qui règlementaient les relations de nos nationaux avec les échelles de Barbarie.

Nº 36. — Extrait d'une lettre de Mgr le comte de Maurepas, écrite à M. Taitbout, de Versailles, le 16 avril 1738.

« Le Roy a estimé à propos de remédier à divers abus qui se sont introduits dans la manière dont les français ont fait jusques à présent le commerce à Alger ; pour cet effet, l'intention de Sa Majesté est que les capitaines et subrécargues et passagers qui iront vendre eux-mêmes à l'avenir leurs marchandises et denrées dans cette échelle soient obligés, lorsqu'ils arriveront, d'aller, en se débarquant, chez vous et prendre vos ordres sur la façon dont ils devront s'y conduire avant que d'aller chez le Dey et chez les autres puissances du pays, que les négociants français même qui sont à Alger soient assujettis à vous prévenir des affaires qu'ils auront à traiter avec le Dey ou avec les autres puissances, et que les subrécargues et passagers ne puissent rester sur l'échelle après le départ des bâtiments qui les auront conduits sous prétexte de n'avoir pu achever de vendre toutes leurs marchandises et denrées, mais qu'ils se rembarquent sur les mêmes bâtiments avec le restant de leurs marchandises ou denrées, s'ils n'aiment mieux les remettre à un des négociants français résidents à Alger, à leur choix et sous les conditions dont ils conviendront de gré à gré. Sa Majesté a aussy estimé qu'il était nécessaire de deffendre très expressément aux négocians de Marseille d'acheter à l'avenir des marchandises à Alger à d'autres qu'à des françois et d'en faire des envoys à des Juifs ou autres étrangers sous des noms empruntés. Je vous recommande de tenir exactement la main à ce que l'on se conforme dans la suite à tout ce que je viens de vous expliquer des intentions du Roy sur ce sujet et de m'informer sans partialité des contraventions qui pourront s'y commettre, afin que sur ce que vous m'en marquerès, je sois en état de prendre les ordres de Sa Majesté pour faire punir les contrevenants. Signé : Maurepas. »

« Enregistré à Alger, le 12 septembre 1738. »

Pour en finir avec le consulat de M. Taitbout, je publierai les deux documents ci-après :

Nº 37. — Assemblée de la nation françoise faite par convocation de M. le Consul à l'occasion d'un présent d'un écritoire à faire à l'Ecrivain des chevaux.

« Aujourd'huy quatrième janvier de l'année 1739, etc.... Il (le consul) nous a dit que dans le mois d'avril 1736, il aurait cru convenable de faire une honnêteté à l'Ecrivain des chevaux qui dès lors comme il fait encore aujourd'hùy avoit une des plus grandes parts au gouvernement de ce païs, etc. Considérant l'intérest que l'Ecrivain des chevaux marque dans toutes les occasions prendre à ce qui touche la nation, les services qu'il rend aux françois lors des discussions qu'ils ont soit avec les douanniers soit avec des marchands, tant de ce païs qu'étrangers, la préférence qu'il fait donner par ses agents au Pavillon, ceux-cy n'ayant même pendant les années dernières nolisés que des batiments qui le portassent ; enfin, sentant l'importance de cultiver l'amitié d'un homme si bien disposé et d'un si grand crédit, etc. (signé :) Taitbout ; Pierre Faroux, vicaire apostolique ; Dengallière ; Dejouville, chancellier.

Nº 38. — Assemblée tenuë par convocation de M. le consul à l'occasion d'un présent à faire au Dey.

« Aujourd'huy, cinquième du mois de décembre de l'année mil sept cent trente-neuf, Monsieur Faroux, vicaire apostolique des royaumes d'Alger et de Tunis et Bruno Dengallière, négociant françois en cette ville, assemblés en présence de M. Taitbout, écuyer, conseiller du Roy, consul de France en cette ville et royaume, pour délibérer sur ce qu'il y auroit à faire à l'occasion du mariage du Dey qui exigeait que mondit sieur le consul prévint d'un présent le compliment qu'il lui devait et dans la reconnaissance duquel il put se flatter de retirer pour lui et pour la nation françoise des avantages essentiels, ont pensé qu'il convenait de faire ce présent d'une espèce égale à celuy de M. le consul d'Angleterre et même d'une qualité qui lui fut plus agréable, estimants que le caffetan de drap d'or que ce consul luy avait envoyé hier quoyque très riche ce qui paraissoit de ces choses trop communes en ce païs par la quantité que les différentes nations y en ont distribuées aujourd'huy ne pouvoit pas convenir autant qu'un diamant monté pour bague et une rose composée d'un saphir et de rubis qu'on trouvoit à avoir pour le prix de cinq cent vingt-cinq pataques (1), et qui s'offroient d'autant plus à propos que servant à en parer sa nouvelle épouse, il seroit accepté avec plus de plaisir que l'étoffe d'or, et sur ce, ayant lesdits Messieurs, délibéré, ils ont signé avec M. le consul, etc.

(Signé :) Taitbout, Faroux, Dengallière, Dejouville, chancelier. »

M. Taitbout quitta Alger en 1740, confiant les affaires du consulat à son chancelier, M. Thomas Dejouville. Un fait grave eut lieu pendant cet intérim. Une galère espagnole ayant enlevé un chebec algérien dans les eaux de Toulon et en présence de la frégate française le *Zéphir*, le Dey accusa le gouvernement français d'avoir favorisé cette capture. M. Dejouville fut arrêté et mis aux fers, ainsi que le vicaire apostolique et les prêtres de la mission. Le Dey fit également arrêter les équipages de sept navires du commerce français qui se trouvaient dans le port d'Alger et envoya ces malheureux marins, enchaînés deux par deux, aux travaux les plus rudes, voulant que tous y restassent jusqu'à ce que la France lui eut fait rendre son chebec. Enfin, il envoya l'ordre au Bey de Constantine de faire incarcérer tous les français qui se trouvaient au Bastion.

Le gouvernement français, craignant de compromettre l'existence de ses nationaux et en outre des intérêts majeurs , et voulant éviter une guerre coûteuse dont il n'avait rien à espérer, céda aux exigences

---

(1) Soit 630 francs.

du Dey. La paix se trouva rétablie et tous les prisonniers furent rendus à la liberté.

Voici les pièces que me fournissent les *Archives*, pendant l'intérim de M. Dejouville.

N° 39. — Assemblée tenuë ce jourd'huy, 23° décembre 1740, par convocation.

« Nous Thomas Dejouville, chancelier du consulat de France à Alger, chargé des affaires dud. consulat en l'absence de M. Taitbout, consul.

» A Messieurs Poissant provicaire apostolique, Martin et Dengallière, négocians français ;

» Messieurs,

» Vous n'ignorés pas que le Dey vient d'avoir un fils de sa nouvelle femme et que cette naissance qu'il a beaucoup désirée et qui luy cause une grande joie fait empresser chacun à luy en faire un compliment que l'on accompagne (comme il est assès ordinaire dans ces sortes d'occasion) d'un présent qui réponde à sa qualité et proportionné à la satisfaction qu'il ressent ; vous sçavès sans doute aussi, Messieurs, que les Consuls des nations étrangères ont fait les leurs, et nous aprénons que celuy d'Hollande a donné un caffetan d'un tissu d'or, deux de drap et deux autres de damas, ce qui monte à la valeur de sept cens seize pataques. Comme le Dey est sensible à ces sortes d'honnêtetés, et que pour le maintenir dans un état favorable à notre nation, nous ne sçaurions trop luy marquer la part que nous prenons à ce qui le regarde, et d'une façon mieux expliquée que par un présent à l'exemple des autres ; que d'ailleurs son beaupère le Saïgi allant entrer bien avant dans le crédit que le mariage de sa fille luy a acquis, peut nous sçavoir gré de la moindre de nos attentions à l'égard de cette naissance qui ne le flatte et ne l'honore pas moins qu'elle contente et fait un plaisir infiny au Dey. Je pense, Messieurs, qu'il conviendrait de délibérer sur ce qu'on pourrait faire de mieux sans cependant entrer dans une dépense trop conforme à celle des Consuls des nations étrangères, l'absence de M. Taitbout étant un prétexte admissible pour la faire moindre dans le présent qu'il y aura à faire. C'est pourquoy je vous ay prié, Messieurs, de vous assembler etc. A Alger, le 23° décembre 1740, Signé : Dejouville. »

(*Note de l'auteur*. L'assemblée a accordé 2 caffetans de drap, 2 caffetans de Damas et 29 pics de ruban en or, le tout d'une valeur de 330 pataques).

Nᵒ 40. — Enregistrement. Lettre écrite à M. Taitbout par S. A. S. Mgr l'amiral
le 29 novembre 1741.

« Monsieur le consul de la nation française à Alger, il y a déjà
longtemps qu'il m'est revenu que plusieurs navigateurs dans les
eschelles du Levant se servaient de faux congés pour se mettre à l'abry
des barbaresques, il m'en a même été remis un ces jours-cy dont
un capitaine génois était saisi et que le consul de Gennes a retiré ;
comme il est important de découvrir quels sont les autheurs de ces
faux congés j'ay lieu d'attendre de votre zèle que vous voudrés
bien faire visitter très exactement à l'arrivée des battimens qui
viendront dans votre eschelle et surtout les genois, tous les papiers
dont seront saisis les capitaines qui les commanderont, et si vous
en trouvés quelqu'un muny de ces faux congès qui ne different principalement des véritables que par les caractères imprimés, ce qu'il
vous sera aisé de reconnaître, il est très à propos que vous les
reteniés et que vous vous assuriés en même temps de la personne de
ces capitaines ainsi que de leurs battimens etc. (Signé) L. J. M. DE
BOURBON. »

La pièce ci-après établit que M. François Devant, successeur de
M. Taitbout se trouvait à Alger le 19 mai 1742.

Nᵒ 41. — Assemblée de la nation, tenuë le 19 may 1742.

« Nous soussignés assemblés cejourd'huy 19ᵉ may 1742, pour
délibérer sur la prétention du Dey à l'occasion du payement des
cinq cent piastres pour chacun des onze esclaves genois qui furent
mis en liberté par la prise du chebec algérien sur lequel ils étaient
et qui fut faite par une galère d'Espagne sur les côtes de Provence.
» Considérants ce qu'il a renouvellé à M. le Consul à ce sujet
dans la première visitte qu'il vient de luy faire et la protestation
que ce seigneur Dey luy a faite qu'il ne relacherait point les onze
charpentiers ou calfats françois qu'il retenait en équivalent du prix
des onze genois, ce qui non seulement mettait en suspend le reta-
blissement des affaires de l'échelle, mais meme pouvoit etre le sujet
de nouveaux embarras très-préjudiciables au commerce et à la navigation. Sçachant aussy par la lettre de mgr le comte de Maurepas
ecritte au sieur Dejouville chancellier, le 29ᵉ janv, dernier que l'intention de Sa Grandeur est de faire payer le prix de ces onze genois
après avoir arretté avec le Dey la somme pour chacun d'eux ; mais

étant question de terminer entierement cette affaire aujourd'huy
pour le bien du service qui souffrirait d'un plus long delay, la pluspart de nous ayant été présents chez le Dey lorsqu'il a déclaré ses
intentions à l'égard du payement de ces genois et à son deffaut de
la détention des onze françois, nous avons arretté qu'il convenait de
faire l'emprunt incessamment d'une somme de 1650 sequins, qui fait
425 piastres pour chaque genois, à l'effet de quoy M. le Consul
donnerait au sieur Dejouville chargé de la Caisse du commerce un
mandat et ferait porter au Dey la susdite somme de 1650 sequins.
Tel est le résultat de notre délibération à laquelle concluant nous
avons signé à Alger les jour et an susdits. (Signé:) Dejouville,
Devant, consul; Dengallière.

» Quoique nous n'aïons pas été présents chez le Dey, nous attes-
tons avoir connaissance de tout ce qui est mentionné ci-dessus et
que notre sentiment à cet egard s'est trouvé conforme à celuy de
MM. Devant, Dejouville et Dengallière. Fait à Alger, le 25 may 1742
(signé:) Dubourg, vicaire apostolique d'Alger et de Tunis; Poissant
et Saint-Avignon, missionnaires apostoliques. »

Bien que M. Devant se trouvât à Alger dès le 19 may 1742, ainsi
qu'il ressort du document qui précède, ce ne fut que le 15 juillet
suivant qu'il fit enregistrer à la chancellerie de son consulat ses provisions datées du 14 juin 1741. Je publie *in extenso* ce brevet de consul
de France.

N° 42.

« Louis, par la grâce de Dieu, Roy de France et de Navarre, Comte
de Provence, Forcalquier et terres adjacentes, à tous ceux qui ces
présentes lettres verront Salut. Estant nécessaire de pourvoir à la
charge de consul de la nation françoise à Alger et ses dépendances
vacante par la démission du S. Taitbout qui en étoit pourvû. Nous
avons cru ne pouvoir faire un meilleur choix que la personne du
Sieur Devant qui exerçoit le consulat de Naples, estant informés qu'il
a toutes les qualités requises pour s'acquitter des fonctions de cette
charge à notre satisfaction et donner à nos sujets qui trafiquent en
ce païs tous les secours dont ils auront besoin pour tirer plus d'utilité de leur dit commerce. A ces causes et autres a ce nous mouvant,
nous avons commis, ordonné et estably et par les présentes signées
de notre main commettons, ordonnons et establissons le D. S. Devant
consul de la nation françoise à Alger et dépendances pour la d. charge

avoir servi et exercé pendant trois ans à commencer du premier juillet prochain, aux honneurs, authorités, préeminenccs, prérogatives, privilèges et exemptions accoutumées et pour en jouir par le dit S. Devant et conformément à l'arret de notre conseil d'Etat du deux septembre mil sept cent vingt-un et aux apointements par l'Etat fixé arretté le même jour. Donnons en mandement à notre amé et féal inspecteur du commerce du Levant et de Barbarie, le S. Pignon, qu'il le mette et institue en possession et jouïssancc dud. consulat et luy donne toute assistance et protection, faisant deffenses a tous nos sujets et autres trafiquants sous la bannière de France, de l'y troubler; car tel est notre plaisir ; Prions et Requerons les illustres et magnifiques Pacha, Dey, Divan et milice d'Alger et dépendances de laisser jouir pleinement et paisiblement le d. Devant de la d. charge de consul sans luy faire ny souffrir qu'il luy soit fait aucun trouble ny empechement, mais au contraire de luy donner toute faveur et assistance en cas de besoin, offrant de faire le semblable pour tous ceux qui nous seront ainsy recommandés de leur part. En témoin de quoy nous avons fait mettre notre scel a ces présentes. Donné à Versailles le quatorze jour du mois de juin l'an de grâce mil sept cent quarante-un et de notre règne le vingt-sixe. Signé : Louis ; et au dos est écrit: Par le Roy comte de Provence Signé Phelippeaux ; et scellé du grand sceau de circ jaune, à l'original.»

« Enregistré les présentes provisions au requis de Monsieur Devant par nous Thomas Dejouville, chancellier du consulat de France à Alger. Et collationné sur l'original. Le quinze juillet 1742 (Signé :) Dejouville. »

Le procès-verbal ci-après est relatif à la distribution des présents qui fut faite à l'occasion de l'arrivée de M. Devant et contient quelques détails curieux sur les cadeaux dont les fonctionnaires de la régence étaient si avides et qui jouent un si grand rôle dans l'histoire de nos relations avec Alger.

N° 43. — Assemblée tenuë le treize septembre **1742**, par convocation de M. le consul.

« Aujourd'huy, treizième du mois de septembre de l'année mil sept cent quarante-deux, la chambre du commerce ayant envoyé les présents qui suivant l'usage ancien sont distribués à l'arrivée de chaque consul aux puissances et aux personnes en crédit dans ce païs, et la dite chambre ayant joint à la notte de ces présents l'état de la distri-

bution qui devoit en être faite, M. Devant, consul de France, a cru
ne pouvoir s'empescher de s'y conformer exactement et surtout
d'éviter de les excéder pour que, par la force que les usages ont chès
ces gens cy, il ne fussent dans la suitte portés à l'infini et que ces
donations ne devinssent trop onéreuses, soit à l'échelle, soit à MM.
les consuls.

» Cependant, il paroit que l'intérest de la nation (on pourroit même dire la conjoncture présente) et la façon excessivement généreuse
dont les consuls étrangers agissent à l'égard de ces gens-cy demandent
qu'on n'oublie pas dans cette distribution des personnes qui sont nouvelles et en crédit et quelques autres dont on a journellement besoin
autant pour la négociation des affaires que pour faciliter aux capitaines les leurs propres.

» C'est sur ces exposés, Messieurs, qu'il vous plaira de délibérer et
que vous jugiés s'il convient de ne pas différer d'achetter les draps
qu'il y aurait à distribuer encore à cinq ou six personnes susdites, et
de les payer des deniers de la chambre du commerce que l'effet des
présents intéresse particulièrement.

» *Monsieur le Consul :* En outre, Messieurs, que tous les présents
et donnations quels qu'ils soient semblent devoir être d'autant plus à
la charge du commerce qu'il en retire le principal fruit ; que s'il en
était autrement et qu'il fallut que MM. les consuls les payassent sur
leurs appointemens, ils les verroient insensiblement absorbés de la
façon dont ces présens se multiplient par les nouvelles personnes dont
le crédit est grand et utile ; il y a donc lieu de croire qu'il seroit
convenable qu'on diminuât plutôt les appointemens de MM. les consuls et qu'on les déchargeât de la dépense des présens, d'autant plus
qu'il est naturel qu'en en faisant le moins qu'ils pourroient, s'ils
étoient obligés de les faire, ils s'indisposeroient les gens du païs, et
la nation françoise se ressentiroit toujours de cette indisposition. Ce
seroit certainement le contraire si la chambre du commerce avoit à
sa charge ces présens comme il se pratique dans le Levant, et si suivant les conjonctures, ils étoient distribués en plus ou moins grande
quantité sur un état de distribution arrêté par une délibération ; par
là on satisferoit à tout, on ne laisseroit point de mécontens et MM. les
consuls, avec leurs appointemens fixes, resteroient sans prétentions
là-dessus et n'auroient point d'ennemis au païs.

» Liste des personnes auxquelles il y a à donner des présens et qui
ne sont pas comprises dans la notte de la chambre :

« A Sidi-Aly, neveu du Dey . . . .   4 pièces.
« Au Contadar Juif.   4   »
« A Aly, chaoux du Cazenadar   4   »
« A l'écrivain de la porte du Dey   2   »
« Aux écrivains de la Douane   4   »
« Au capitaine dont le vaisseau est en construction.   4   »
« Au Bouluc-Bachy et son Vikillar   6   »
____
                                                      28   »

« Nous, soussignés, considérant ce qui est cy-dessus exposé, et délibérant en conséquence, avons jugé qu'il convenait de donner du drap aux personnes susdites, quoiqu'elles ne soient point comprises dans la notte envoyée par la Chambre du commerce, et que le payement en soit fait des deniers de la dite chambre par le S. Dejouville sur le mandat de M. le consul. Nous aprouvons en outre les raisons exposées de mon d. S. le consul, touchant les présens. Fait à Alger les jour et an susdits. — (*Signent.*) Dengallière ; V. Paul ; L. Daniel ; Jean Dauphin ; Cailhol ; Rouquet ; Michellon ; Beaussier ; Dejouville. *chanc.* »

La nouvelle condescendance que la France venait de montrer au Dey ayant accru son audace et ses prétentions, il ne voulut donner audience au nouveau consul qu'à la condition que ce fonctionnaire lui baisât la main. M. Devant s'étant refusé à cette obligation, fut rappelé par sa cour, et partit en laissant de nouveau la gestion du consulat à M. Dejouville. Celui-ci eut à essuyer de nouvelles réclamations impossibles à satisfaire, mais il parvint à calmer le Dey en employant l'influence de fonctionnaires algériens, dont la bonne volonté était, comme toujours, stimulée par la perspective de quelques cadeaux. C'est ce qui ressort du procès-verbal ci-après :

N° **44.** — Assemblée de la nation française tenue le **27 mars 1743.**

« Nous, soussignés assemblés aujourd'hui vingt-sept mars mil sept cent quarante-trois pour délibérer sur la prétention du Dey à vouloir réclamer du Roy de France les Turcs algériens esclaves qui se trouvèrent sur les galères d'Espagne brûlées à Saint-Tropez par les Anglais, sur le fondement que les d. esclaves ayant été débarqués et mis sur les terres de France, devaient, par un privilège qui leur est attaché, jouir de la liberté. »

« Considérant toutes les démonstrations et raisonnements que le Dey
a fait à ce sujet qui ne tendaient à rien moins qu'à gâter les affaires
de la nation française, l'impossibilité d'ailleurs où l'on se serait trouvé
en France de luy procurer cette restitution de la part de l'Espagne
et les suites fâcheuses du défaut de satisfaction qu'il est toujours avan-
tageux de prévenir et d'éviter. Nous avons conclu et arrêté qu'il
convenait au moins de gratifier les personnes qui ont été employées
auprès du Dey pour le dissuader et le faire désister de sa prétention,
et nous leur aurions fait présenter par le drogman un caftan drap
écarlate appartenant à la Chambre du commerce, et pour la valeur
de 305 pataques en autres étoffes de damas et de drap que nous
avons fait payer de la Caisse du commerce, etc. — *(Signatures de :)*
DEJOUVILLE, *faisant fonction de consul ;* DENGALLIÈRE ; DU TEIL,
chanc. »

M. Pierre Thomas, précédemment consul de France à Alep. vint
remplacer M. Devant, et fit enregistrer à Alger, le 7 juillet 1743,
ses provisions datées du 13 août précédent. M. Thomas, d'après
les instructions qu'il avait reçues, se conforma aux exigences du
Dey.

Deux mois après l'arrivée du nouveau consul, le 30 août 1743,
un présent fut offert au Dey, ainsi qu'il résulte du procès-verbal
ci-après.

N° 45. — Assemblée de la nation françoise tenue le 3o août 1743.

« Aujourd'huy, trente août mil sept cent quarante-trois, nous soussignés, considérant la nécessité d'accompagner d'un présent le compliment que nous avons à faire au Dey sur la naissance d'un garçon
qu'il vient d'avoir, tant pour nous conformer à certains usages établis
que pour n'être pas les seuls à luy témoigner notre empressement
dans les occasions qui l'intéressent autant que celle d'aujourd'hui,
nous avons jugé à propos de luy faire présenter deux garnitures de
linge pour les bains, brodées en or de la valeur de six cents pataques
que nous avons fait payer de la caisse de la chambre du commerce.
Tel est le résultat de notre délibération à laquelle concluant, nous
nous sommes soussignés le jour et an que dessus. (Signature de) :
Thomas, Dengallière, Duteil, chancelier. »

L'ordre chronologique m'amène à classer ici l'enregistrement de
la lettre ci-après :

Nº 46. — De Versailles, le 8 novembre 1743.

« Les infractions commises par les corsaires Espagnols, monsieur, au préjudice du pavillon du Roy et de l'honneur qui lui est dû, ayant obligé Sa Majesté d'en faire porter des vives plaintes au Roy d'Espagne par son ambassadeur, Sa Majesté catholique a fait expédier en conséquence, dans tous les ports de ses Etats, le 29 octobre dernier, un ordre dont je joins icy la copie, par lequel vous verrés qu'il a été deffendu à ces corsaires d'arrêter les bâtiments françois sous prétexte qu'ils portent des maures ou des effets qui leur apartiennent et que s'ils y contreviennent à l'avenir, ils seront chatiés et condamnés à la restitution et au payement des dommages qu'ils auront causés.

« La justice que la cour d'Espagne a rendu au pavillon du Roy dans cette occasion, ne pouvant qu'assurer la libre navigation de nos bâtiments et augmenter le commerce de la Caravane dans les ports de Barbarie, j'ay été bien aise de vous faire part des ordres qui ont été donnés pour cet effet, afin que vous puissiés faire valoir dans les occasions auprès des puissances d'Alger les attentions que Sa Majesté continue de donner pour la sureté des algériens et de leurs effets qui seront embarqués sur les bâtiments français et en informer les capitaines et patrons qui mouilleront dans les ports de cette république pour qu'ils revendiquent l'exécution de cette décision au cas qu'il y fut contrevenu par quelque corsaire Espagnol. C'est pourquoi je vous recommande de le faire enregistrer avec cette lettre dans la chancellerie de votre consulat. Signé : Maurepas. »

En 1744, les algériens commirent de nouveau un acte de sauvage agression. Le Dey fit ravager nos possessions de la Calle sous prétexte que nous y avions élevé des fortifications et que nous entretenions des intelligences avec les tunisiens et les galères de Malte. Aucune satisfaction ne fut accordée pour cette brutale entreprise commise en pleine paix, et dont les anglais voulaient profiter pour se substituer à nous dans la ferme des concessions accordées par le Gouvernement Algérien; seulement, ceux des français qui avaient échappé au massacre purent rentrer en possession de leurs établissements ruinés.

Malgré ces motifs de mésintelligence, un présent fut offert au Dey le 28 septembre 1744, à l'occasion de la naissance de son troisième fils, ainsi que le constate le procès-verbal d'assemblée ci-après :

N° 47. — Assemblée de la nation françoise tenue le 28 septembre 1744.

« Aujourd'hui, vingt-huit septembre mil sept cent quarante-quatre, nous soussignés, ayant apris que les consuls des autres nations avaient fait des présents aũ Dey, à l'occasion de la naissance d'un troisième fils qu'il vient d'avoir et qu'on s'était déjà formalisé que nous n'en cussions point envoyé, nous n'avons pu nous dispenser de luy faire présenter par le Drogman, un caffetan d'une etoffe d'or de la valeur de cinq cens dix pataques que nous aurions fait payer des deniers de la caisse du commerce, etc. (Signatures de :) Thomas, Dengallière, Duteil. »

Les deux documents suivants sont relatifs des secours qui furent accordés, sur les fonds du commerce de Marseille, à deux françois, dont l'un était retenu comme *esclave* par un créancier algérien.

N° 48. — Assemblée de la nation françoise tenuë le 19e may 1745.

« Nous soussignés touchés depuis longtemps de la triste situation dans laquelle se trouve à Alger le capitaine Joseph Blanc d'Arles pour raison d'un emprunt de 600 sequins qu'il a cy devant fait de Sidy Manet Ben taleb, marchand more de cette ville, et ne voyant aucune sorte d'expédient pour luy évitter le mauvais traittement dont son créancier le menace, attendu le besoin extrême qu'il a de cet argent pour raison duquel led. capitaine Joseph Blanc est depuis très-longtemps détenu comme esclave. Nous nous serions assemblés pour conférer amplement de cette affaire et conclu d'un commun accord que pour l'honneur de la nation et pour évitter de nouvelles tracasseries, il était très-essentiel de liquider cette affaire au plus ample rabais qu'il seroit possible et après avoir bien discuté cette affaire, étant tombés d'accord avec le susdit Mamet Ben Taleb que moy; la somme de 350 sequins barbaresques, il feroit une entière quittance au capitaine Joseph Blanc de 600 sequins barbaresques qu'il luy doit, nous avons fait payer au dit Ben Taleb, sçavoir : 120 sequins d'aumonne que nous avons ramassé pour le dit capitaine Blanc, et 230 sequins que nous avons fait payer de la caisse du commerce sous la condition que ledit capitaine Joseph Blanc passera une obligation en la chancellerie de la susdite somme de 230 sequins barbaresques en faveur de la chambre du commerce, etc. (Signatures de) Thomas, Poissant, provicaire apostolique, Dengallière, chancelier, V. Paul. »

N° 49.

« Mandons à mons. Dengallière, chancelier subrogé, chargé de la
caisse du commerce, de payer des fonds de la ditte caisse la somme
de 71 pataques et 6 temins, sçavoir : 15 pataques et 6 temins, à quoy
montent les diverses hardes achetées pour le sieur Dominique Aubret,
passager françois, pris sur un vaisseau vénitien, que le Dey a rendu,
et 56 pataques pour un caffetan donné à une puissance à cette occasion, à Alger, le 19ᵉ may 1745. (Signature de :) Thomas. »

Le 20 octobre 1745, le Dey Ibrahim ayant abdiqué en faveur de
son neveu Ibrahim, précédemment khesnadji ou grand trésorier, la
nation française se trouva dans l'obligation d'offrir ses présents au
nouveau chef de la Régence, comme l'établit le procès-verbal ci-
après :

N° 50.

« Aujourd'hui, 22ᵉ octobre mil sept cent quarante-cinq, nous
soussignés assemblés pour délibérer sur le présent qu'il convient de
faire au nouveau Dey, en faveur duquel son oncle a abdiqué le gouvernement, et qui a été reconnu depuis le vingtième du courant de
tout le Divan, avec les cérémonies accoutumées, nous avons statué
et convenu de faire présenter à ce seigneur, par le drogman, un
riche caffetan de brocard, une magnifique bourse brodée en or et
deux caffetans de drap de diverses couleurs, coûtant le tout 772
pataques (soit 926 fr. 40 c.) pour être payées des deniers de la Chambre
du commerce. (*Signé :*) THOMAS ; V. PAUL ; POISSANT, provicaire-
apostolique. »

Dans les circonstances extraordinaires, l'assemblée de la nation,
présidée par le consul, votait, sur les deniers des négociants de
Marseille, des présents rendus nécessaires par les exigences de la
situation. Mais, en outre de ces distributions exceptionnelles, la
Chambre de commerce faisait, pour entretenir les bonnes relations,
des envois de petits cadeaux, sur lesquels le document suivant donne
quelques renseignements :

N° 51.

« Aujourd'hui, 27 mars 1747, nous soussignés, assemblez pour
délibérer sur le mauvais effet de donner en présent au Dey et autres
puissances les seules pommes et chataignes envoyées par la Chambre

de commerce, l'usage étant d'accompagner ces fruits de confitures, sucre, eau de la reine de Hongrie, sirop de capilaire, etc., dont nous manquions absolument, et pour y suppléer, nous aurions statué et convenu de faire acheter une caisse de 400 bouteilles sirop de capilaire du capitaine François Blanc, du Martigues, coûtant 240 pataques (soit 188 francs), que nous aurions fait payer des deniers de la Chambre de commerce. » (*Signé :*) THOMAS ; V. PAUL.

Le 3 février 1748, le Dey Ibrahim mourut d'apoplexie, et eut pour successeur Mahomet, surnommé *il Retorto*, précédemment *Khodjet el Kheil* ou Ecrivain des chevaux. Trois jours après, une assemblée de la nation française vota sur les deniers de la Chambre de commerce de Marseille un présent à offrir au nouveau Dey, ainsi que cela est établi par le procès-verbal dont la teneur suit :

Nᵒ 52.

« Aujourd'hui, 6ᵉ février mil sept cent quarante-huit, nous soussignés, assemblés pour délibérer sur le présent qu'il convient de faire au nouveau Dey qui a été reconnu depuis le trois du courant de tout le Divan avec toutes les cérémonies accoutumées, nous avons statué et convenu de faire présenter à ce seigneur par le truchement un riche caffetan de brocard en or, deux caffetans de Damas et deux caffetans de draps de diverses couleurs coûtant le tout 636 pataques pour être payées des deniers de la Chambre de commerce. (*Signatures de :*) THOMAS, BOSSU, vicaire apostolique; DENGALLIÈRE ; V. PAUL. »

Le 6 juin 1749, M. André Alexandre Lemaire, écuyer, conseiller du roi, successeur de M. Thomas au Consulat d'Alger, fit enregistrer ses provisions signées à Fontainebleau le 17 novembre précédent. Voici les documents que me fournissent les commencements de la gestion de ce Consul :

Nᵒ 53. — Assemblée de la nation pour un présent à faire au Vekilargi ou Intendant de la Marine.

Aujourd'huy, 30ᵉ juin mil sept cent quarante-neuf, nous soussignés ayant pris en considération les usages établis en certaines occasions, du nombre desquelles il nous a paru qu'il fallait mettre le retour du Vekilargi de son voyage de la Mecque et la nécessité de luy faire un présent en le félicitant sur son heureuse arrivée, ainsy que cela s'est toujours pratiqué, etc. Réfléchissant de plus que cet officier qui est un homme essentiel et dont le crédit influe beaucoup auprès du Dey et dans les affaires qui passent dans le Conseil de Marine, n'a point eu de part à la distribution des présens que monsieur Lemaire, consul, a fait à son arrivée, attendu que Cidy Hassan, créature du Dey, qui faisait les fonctions de sa charge, en a reçu le présent qui y est attaché et même au-delà par une montre d'or et un caffetan brodé en or que mondit sieur le Consul luy a donné, ce qui le dispense de cette obligation envers le titulaire. Nous avons jugé convenable pour les intérêts de la nation, du commerce et de notre navigation de présenter au susdit Vekilargi, en drap et en étoffe pour la valeur d'environ 200 pataques qui seront portées dans le compte de la Chambre du commerce ; délibéré à Alger dans l'assemblée tenüe dans la maison consulaire l'an et jour que dessus. (*Signatures de :*) LEMAIRE; V. PAUL; BOSSU, vicaire apostolique ; BÉRENGER ; GERMAIN, chancelier. »

N° 54.

« Mandons à M. Jean-Baptiste Germain, chancellier de ce Consulat, chargé de la caisse du Commerce, de payer des fonds de ladite caisse la somme de quatre sequins et demy faisant 38 pataques et deux temins pour le payement d'un courrier expédié à Bonne par nous, Lemaire, Consul, afin de faire passer un paquet à Tunis par lequel nous aurions donné avis à M. Fort, Consul de France, de la prise du bâtiment du capitaine Nicolas Hezoury, françois, par un corsaire Tunisien, à Alger, le onzième septembre 1749 — (*Signature de :*) LEMAIRE. »

N° 55.

« André Alexandre Lemaire, écuyer, conseiller du roy, Consul de France à Alger, mandons au sieur Jean-Baptiste Germain, chancelier de ce Consulat, ayant l'administration des deniers de la Chambre du Commerce, de payer entre nos mains 64 pataques 6 temins pour un présent fait en une veste de drap et quelques rafraîchissements à Mehemet Aga, officier du Grand-Vizir, envoyé en commission de la Porte auprès du Dey d'Alger, lequel nous a été fortement recommandé par M. l'ambassadeur de France à Constantinople avec ordre de luy faire toutes les politesses convenables et usitées parmy les Turcs, laquelle somme il passera au compte de MM. de la Chambre du Commerce ainsy qu'il est d'usage. Fait à Alger le 21° juin 1750·
— (*Signé :*) LEMAIRE. »

N⁰ 56.

« 3 juillet 1750. Rachat par les soins du Consul françois de M. François Ricaud, officier françois au service du roy d'Espagne. »

N⁰ 57.

« Mandons au sieur Germain, chancellier, ayant l'administration des deniers de la Chambre du commerce de payer entre nos mains la somme de 57 pataques pour une veste de drap et deux sequins, faisant septante quatre pataques, donnés à des musiciens du Grand-Seigneur, qui sont venus ici pour faire épreuve de leur art, ayant été obligé au dit présent par l'exemple de tous les consuls étrangers et par égard pour le Dey. Fait à Alger, le 14ᵉ may 1751. — (*Signé :*) LEMAIRE. »

N⁰ 58.

« André Alexandre Lemaire, écuyer, Conseiller du roy, Consul de France en cette ville et Royaume d'Alger, mandons au sieur Germain, chancelier de ce consulat, ayant l'administration des deniers de la Chambre du Commerce de payer entre nos mains 61 pataques 4 temins pour une veste de drap et quatre pains de sucre présentés à l'envoyé de Tripoli de Barbarie, à l'instar des autres consuls étrangers, à Alger, le 3ᵉ juin 1751. (*Signé :*) LEMAIRE. »

N⁰ 59. — Assemblée de la nation pour la naissance de monseigneur le duc de Bourgonne.

« André Alexandre Lemaire, écuyer, Conseiller du Roy, consul de France en cette ville et royaume d'Alger.

Messieurs, je vous ay fait assembler pour vous annoncer l'heureuse nouvelle de la naissance d'un prince que Dieu vient d'accorder aux vœux de la France, et dont madame la Dauphine a été heureusement délivrée le 13 septembre dernier.

Monseigneur Rouillé, ministre et secrétaire d'Etat, qui a bien voulu me communiquer ce grand évènement par la lettre dont il m'a honoré en datte du même jour, dont le sieur Chancelier va vous faire lecture et qui m'ordonne en même temps de vous en informer, suppose avec juste raison que vous donnerés en cette occasion des marques publiques de votre joye, de votre zèle et de l'intérêt que vous prenés au bonheur de la famille Royale et de toute la France ; je tacheray de vous en donner l'exemple pour tout ce qui dépendra de moy, et je me flate que vous le suivrés d'autant plus volontiers que votre penchant vous y guidera et que c'est au milieu des nations barbares que les véritables François doivent faire éclater davantage l'amour et le respect qu'ils ont pour leur Souverain et pour son auguste famille. Et a signé. (*Signature de :*) LEMAIRE. »

Sur quoy il a été délibéré unanimement de racheter deux esclaves françois qui gémissent actuellement sous l'esclavage dans un pays nômé la Bellide à huit lieues d'Alger (1), et qui par leur éloignement de cette ville, sont privés de tous secours spirituels et temporels, et sont plus exposés à la séduction et aux mauvais traitements que les autres esclaves, étant persuadé que cette bonne œuvre est plus capable de démontrer la part qu'ils prenent à l'heureux événement qui vient de combler les vœux de la France, que toute autre démonstration publique, et en même temps plus méritoire aux yeux des nations infidelles, etc. (*Signé :*) BÉRENGER ; GIMON ; ESTAIS et comp. ; BOSSU, vicaire apostolique ; GERMAIN, chancelier.

N° 60.

« A la suite d'un enregistrement du 12 juin 1752, se trouve la mention suivante : *Note de l'auteur.*

NOTTA. Que la peste nous ayant obligé de nous enfermer dans la maison consulaire, nous aurions discontinué de recevoir les actes en ce présent registre et aurions dressé les actes en feuille volante, aux liasses des minutes. Voyés cette liasse pour la continuation des écritures de cette chancellerie, 1752. — (*Signé :*) GERMAIN, chancelier.

(Les enregistrements ont recommencé à la date du 11 décembre 1752. *Note de l'auteur.*)

N° 61. — Assemblée pour faire un présent au V ekilargi à son retour de la Mecque.

« Aujourd'hui, 9e novembre mil sept cent cinquante-deux, nous soussignés, ayant pris en considération les usages établis en certaines occasions du nombre desquelles il nous a paru qu'il faloit mettre le retour du Vekilargi, intendant de la Marine, de son voyage de la Mecque et la nécessité de luy faire un présent en le félicitant sur son heureuse arrivée, ainsy que cela s'est toujours pratiqué envers les principaux officiers de la Régence dont le crédit est utile à notre commerce et à notre navigation. Celuy dont il s'agit aujourd'huy étant un des plus essentiels à cause de l'ascendant qu'il a dans les

____

(1) Il s'agit évidemment de Blida.

affaires de la Marine et principalement la circonstance présente où nous avons à réclamer des bâtimens françois qui ont été pris par équivoque sur les cottes d'Espagne, nous avons jugé convenable de faire un présent au susdit Vekilargi, de la somme d'environ 250 pataques; et comme cet officier est arrivé depuis environ trois mois, on luy demandéra excuse d'avoir retardé cette politesse en rejettant la cause de ce retard sur notre enfermement par raport à la peste. Lesquelles 250 pataques seront portées dans le compte de la Chambre du Commerce. Délibéré à Alger dans l'assemblée tenue dans la maison Consulaire, l'an et jour que dessus. — (*Signatures de:*) LEMAIRE ; BOSSU ; BÉRENGER ; GIMON ; ESTAIS ; GERMAIN, chancelier. (Note) M. le Consul a présenté une montre d'or de la valeur de 255 pataques. »

No **62.**

« Mandons au sieur Germain, chancelier de ce consulat, ayant l'administration des fonds de la Chambre du commerce de Marseille, des payer des dits la somme de huitante-cinq pataques (102 francs) pour une montre d'argent qui a été présentée à Kagi-Moussa, commandant les trois chebeks qui doivent bientôt aller en course, afin de l'engager à continuer les égards qu'il a accoutumé d'avoir envers les bâtiments françois qu'il rencontre dans ses croisières, etc. A Alger, le 16 avril 1753. (*Signé :*) LEMAIRE. »

No **63.**

« Mandons au sieur Germain, chancelier de ce consulat, ayant l'administration des deniers de la Chambre du commerce de Marseille, de payer des dits la somme de 93 pataques (111 fr. 60) pour les articles suivants, sçavoir. 34 pataques (40 fr. 80) à des gens qui nous ont informé secrètement tous les jours du nombre des personnes mortes de peste que l'on sortait des portes de la ville. 42 pataques (50 fr. 40) payés à un courtier juif pour salaire des services qu'il a rendu tout le temps de la peste, en portant les ordres nécessaires aux capitaines français qui se trouvaient dans le port, et en étant chargé de la distribution des lettres pour la nation, soit d'entrée comme de sortie, et 17 pataques (20 fr. 40) pour 17 livres de sucre et 11 livres de café présentées à Cidy Mustafa Bourbagi, pour nous avoir servi de drogman, et qui a fait les affaires de la nation pendant quarante jours que notre drogman titulaire a été malade de peste, etc. A Alger, le 29ᵉ aoust 1753. (*Signé :*) LEMAIRE.

N° 64. — Assemblée pour faire un présent à Kagi Nourla, capitan ou amiral
de cette Régence.

« Aujourd'huy, dixième décembre mil sept cent cinquante-trois,
MM. Arnold Bossu, vicaire apostolique des royaumes d'Alger et de
Tunis, Estais et Louis Michel Gimon, négocians français en cette ville,
(le sieur Nicolas Bérenger, négociant, n'ayant pu assister à la présente assemblée à cause de maladie), assemblés en présence de
M. Andre Alexandre Lemaire, écuyer, Conseiller du Roy, consul de
France en cette ville et royaume d'Alger pour délibérer sur ce qu'il
y auroit à faire à l'occasion de la nomination que le Dey vient de
faire de Kagi Nourla, le plus ancien des Rayes Turcs de la Régence
pour remplir la charge de capitan, c'est-à-dire d'amiral, vacante
depuis environ six années, paraissant à mondit sieur le consul qu'on
ne peut guères se dispenser d'accompagner d'un présent le compliment qu'il doit luy en faire ; attendu que cet officier influe beaucoup
sur les affaires de la nation française parce que c'est de luy que dé·
pendent principalement le raport et souvent la décision touchant les
bâtimens français que les corsaires Algériens amènent icy en conséquence des hazards arrivés sur mer ; les dits sieurs assemblés ont
pensé que non-seulement cet acte de politesse étoit indispensable,
mais encore qu'il faloit l'assortir à ce que d'autres Européens ont
déjà fait. Et comme le consul de Suède a présenté au dit capitan
trois vestes de drap, ils ont jugé à propos de luy en donner deux de
quatre pics chacune, avec trois douzaines de bouteilles de sirop de
capilaire. — (Signatures.)

N° 65. — Assemblée pour la naissance de monseigneur le duc d'Aquitaine.

« André Alexandre Lemaire, écuyer, Conseiller du Roy, consul de
France en cette ville et royaume d'Alger.

Messieurs,

Je vous ay fait assembler pour annoncer l'heureuse nouvelle de la
naissance d'un second prince dont madame la Dauphine a été heureusement délivrée le huitième septembre dernier, et auquel le Roy
a conféré le titre de duc d'Aquitaine. Cet événement, qui intéresse
toute la France et qui assure le bonheur de ses peuples, m'a été communiqué par une lettre dont m'a honoré monseigneur Rouillé, ministre et secrétaire d'Etat, de laquelle le sieur Chancelier va vous faire
lecture. Il n'est pas douteux, messieurs, qu'en bons et fidels sujets
du Roy, vous ne preniés part à la satisfaction publique et que vous

n'adressiés sincèrement vos vœux au Ciel dans le *Te Deum* que nous
chanterons dimanche prochain pour remercier le Seigneur de nous
avoir accordé ce nouveau prince, et pour le prier de nous le conserver. 14 décembre 1753. (*Signé*) : LEMAIRE. »

J'aborde maintenant un fait grave qui vint encore troubler nos relations avec la Régence. Le 20 septembre 1753, le capitaine Prépaud,
patron du navire français l'*Assomption*, ayant rencontré dans le détroit de Gibraltar un bâtiment aux allures suspectes, crut reconnaître un corsaire de Salé et prit chasse. Rejoint par ce navire, il
ne se rendit qu'après avoir essayé de se défendre. Or, ce corsaire
était algérien. L'*Assomption*, considérée comme étant de bonne prise,
fut amenée à Alger. Son capitaine, traîné devant le Dey sans que le
consul de France réussit à se faire entendre, expira sous le bâton,
payant d'une mort cruelle le crime d'avoir osé résister à un Algérien
dont il n'avait pas su reconnaître la nationalité.

Les archives nous fournissent sur cet événement deux documents
précieux restés inédits jusqu'à ce jour : le procès-verbal d'une assemblée exclusivement consacrée à cet évènement et la déclaration du
second de l'*Assomption*, faisant connaître tous les détails de l'ama-
rinement de ce navire par un corsaire Algérien. Je commencerai par
celui-ci :

Nᵒ 66.

« Cejourd'huy neuvième février mil sept cent cinquante-quatre,
par-devant nous André-Alexandre Lemaire, écuyer, conseiller du
Roy, consul de France en cette ville et royaume d'Alger, est comparu
sieur Louis Barnet, de Marseille, capitaine en second sur le vaisseau
l'*Assomption*, ci-devant commandé par feu capitaine Jean-François
Prépaud, de la Ciotat, lequel nous a dit et exposé, moyennant serment, que le quatorze du mois de septembre dernier, ils partirent
de la rade de Cadix avec leur fond consistant en 8000....., pour aller
charger du blé en Levant ; que, continuant heureusement leur route
jusqu'au 10 dudit mois, ayant le vent favorable pour entrer dans le
Gibraltar, le vingtième à huit heures du matin étant dans ledit détroit vis-à-vis Tarifa de la domination d'Espagne, ils avaient vu derrière eux un bâtiment latin qui venait du côté du cap Espartel avec
le vent favorable, ayant ledit bâtiment latin la proue sur ledit vaisseau, par la manœuvre que ce bâtiment tint, ayant amené son quarré
derrière et hissé sa grande voile latine pour venir au plutôt à bord

dudit vaisseau, paraissant être une petite galère de Salé, qu'on leur avait assuré au dit Cadix qu'une galère de Salé croisait dans le détroit, que ce bâtiment faisait force de voile pour arriver sur ledit vaisseau et voyant qu'il approchait toujours, ledit feu capitaine Jean-François Prépaud aurait ordonné de se préparer au combat, attendu que ledit bâtiment n'avoit mis aucun pavillon et faisoit croire que c'étoit vraisemblablement un corsaire saletin; qu'alors ledit vaisseau auroit fait force de voile pour continuer sa route et pour se mettre en état de deffense pour éviter l'esclavage de Salé, ledit feu capitaine Prépaud auroit fait passer deux canons à la poupe dudit vaisseau; que voyant que ledit bâtiment ne changeoit point de manœuvre, et que bien au contraire ledit vaisseau tint le vent pour voir si ce bâtiment suivrait, et ledit bâtiment continuant de chasser ledit vaisseau sans mettre de pavillon étant distant dudit vaisseau de la portée du canon, ledit feu capitaine Prépaud, ayant observé, ainsi que tout l'équipage, que ce bâtiment paraissait être une petite galère Saletine, sur quoy ledit capitaine Prépaud fit arborer le pavillon audit vaisseau et l'assura de deux coups de canons à boulets; qu'on s'aperçut alors d'un bout de pavillon rouge, à cause que venant vent arrière ledit pavillon étoit presque tout caché. Que ledit bâtiment approchant toujours pour venir à l'abordage dudit vaisseau, ledit capitaine Prépaud ordonna de tirer dessus pour éviter d'être pris par ce bâtiment le croyant Saletin; qu'en cet instant ledit capitaine Prépaud fit cacher lesdittes huit mil.... dans le lest afin qu'étant abordé dans la fureur du combat, on ne trouva pas facilement le fond dudit vaisseau pour éviter qu'il fut pillé de quelque façon que ce eut été. Qu'à dix heures du matin du même jour, vingtième septembre de l'année dernière, le dit bâtiment s'aprochant toujours et continuant de tirer des coups de canons à boulets sur ledit vaisseau qui tiroit de même sur ledit bâtiment sans pouvoir entendre la voix de ceux qui étoient dans ledit, que par des cris horribles de maures et qu'ainsy de part et d'autre on ne pouvoit pas s'entendre et se voir à cause de la fumée du canon croyant toujours ledit capitaine Prépaud que c'était un Salétin. Qu'alors ce bâtiment manquant l'abordage pour prendre ledit vaisseau y revint une seconde fois. Qu'à onze heures du jour ayant abordé ledit vaisseau, ledit capitaine Préfaud, ledit déclarant et tout l'équipage furent obligés d'abondonner le canon et de se cacher à l'entrepont voyant plus de soixante maures le sabre à la main entrer dans ledit vaisseau ayant surpris sur le pont trois matelots dudit vaisseau qu'ils massacrèrent, ledit capitaine Prépaud ayant reçu un léger coup de sabre sur la tête, que les gens dudit bâtiment étant entrès dans ledit vaisseau, ayant coupé le cable de l'ancre de babord et les cordages qui tenoient ladite ancre, crièrent: *Algériens, Algériens, noun paoure* (1); qu'alors. ledit capitaine Prépaud et tout l'équipage étant montés sur le pont on reconnut que ce bâtiment était un chebek d'Alger; que sur le midi étant Nord et Sud, à trois lieues de distance du mont de Gibraltar, le vaisseau étant rendu, y ayant mis environ soixante maures, fut obligé de suivre le chebek pour faire route à Alger, après avoir été pillé dudit fond et généralement de tout ce qu'il y avoit dans ledit, et hardes de l'équipage. Que le lendemain, le Rays dudit chebek vint à bord dudit vaisseau pour mettre un capitaine de prise et conduire ledit vaisseau à Alger. Que ledit Rays étant à bord maltraita de quelques coups ledit feu capitaine Prépaud et le fit passer avec son fils et une partie de l'équipage sur ledit chebek, ayant laissé à bord dudit vaisseau le déclarant, le nocher, le gardien et autres matelots, au nombre de onze en tout, ayant laissé dans ledit vaisseau environ trente turcs pour l'amener à Alger (qu'au surplus à l'exposition ci-dessus, ledit sieur Louis Barnet nous a dit et déclaré que la polacre du capitaine Jeaufret, de la Ciotat, étant de conserve avec ledit vaisseau dudit feu capitaine Prépaud avoit été témoin dudit combat et qu'aussitôt ladite polacre se seroit enfuie). Que le onzième du mois d'octobre dernier, ils seroient arrivés en cette ville d'Alger, qu'étant descendus à terre, le déclarant et le reste de l'équipage furent mis à la chaîne, où ils trouvèrent le reste de l'équipage dudit vaisseau qui étaient arrivé le cinquième octobre avec le chebek, tous enchaînés de deux en deux, ayant apris par lesdits matelots enchaînés que ledit capitaine Jean-François Prépaud avoit été conduit chez le Dey qui lui avoit fait donner des coups de bâton et qu'il en étoit mort deux jours après, et pour être la vérité telle le déclarant n'ayant pu venir faire plutôt ses diligences que ce jourd'huy qu'il se trouve délivré des fers, désire pour sa décharge de faire informer sur tout ce que dessus, en forme de consulat pour l'information prise lui servir et à tous qu'il appartiendra, ainsi que de raison et acte. — (*Signé*): Barnet. »

« Et nous dit consul en concédant acte audit capitaine de son dire

---

(1) Soit, en langue franque : n'ayez pas peur.

et exposition, ordonne que sur le tout en sera informé en forme de consulat pour l'information prise luy servir ainsi que de raison, et avons signé. (*Signé*) : LEMAIRE.

« Et à l'instant s'est présenté Estienne Flandrin, de Cassis, âgé de trente ans, nocher sur ledit vaisseau, déclarant n'être parent ni allié dudit, de laquelle exposition luy ayant fait faire lecture moyennant serment, a dit qu'elle contient vérité et qu'il le sçait pour avoir été présent lorsque le tout est arrivé et a signé avec nous consul et le sieur chancelier du consulat. (*Signé* :) ESTIENNE FLANDRIN, LEMAIRE, GERMAIN. (Suivent quatre autres dépositions semblables à la précédente. *Note de l'auteur.*) »

La mort tragique et ignominieuse du capitaine Prépaud causa une vive émotion dans la petite colonie française, qui trouva que le consul n'avait pas déployé une énergie suffisante dans cette circonstance critique. C'est ce qui résulte des termes mêmes de l'allocution adressée aux nationaux par M. Lemaire, dont le ton aigre-doux indique une vive irritation, et qui donne à l'assemblée de piquants conseils de circonspection. Exhumons ce curieux document, resté enfoui depuis plus d'un siècle dans de poudreuses archives.

N° **67**. — Assemblée de la nation d'Alger, faite le 26 mars 1754.

« L'an mil sept cents cinquante-quatre, et le 26e du mois de mars, à 10 heures avant midy, par mandement de Mons. André-Alexandre Lemaire, Ecuyer conseiller du Roy, consul de France en ce royaume d'Alger, tous les Français composant icy le corps de la nation ont été convoqués et assemblés, sçavoir Mons. Bossu, vicaire apostolique dans les royaumes d'Alger et de Tunis, supérieur de la maison de MM. les missionnaires en cette ville d'Alger, et les sieurs Nicolas Bérenger, Dominique Estais, et Louis-Michel Gimon, négociants, écrivant le Sr Germain, chancelier, auxquels mon dit sieur le consul a dit :

« Messieurs, il m'est revenu que quelqu'un d'entre vous, écrivant à ses correspondants de Marseille, leur avait adressé des relations de ce qui s'est passé ici dans la malheureuse affaire du feu capitaine Jean-François Prépaud, dans lesquelles ma gestion a été attaquée avec beaucoup de malignité, et la vérité tellement altérée sur des faits si publics, qu'il est difficile de s'imaginer que celui qui les a tronqués ne l'ait pas fait de dessein prémédité et contre sa propre conviction. On a débité à Marseille, d'après des lettres écrites d'Alger,

qu'il n'a dépendu que de moy de sauver la vie au capitaine Prépaud
et l'esclavage à son équipage ; que le Caznadar m'avait envoyé chercher pour favoriser la réclamation que j'aurais dû en faire et que
j'avais refusé de me présenter ; que tant que je resterais à Alger, il
n'y avait aucune satisfaction à espérer de la Régence, et bien d'autres
choses de cette espèce. On a ajouté pour apuyer ces imputations,
que le motif secret de mon indolence ou de ma prévarication était une
intelligence avec le Dey et les puissances d'Alger en faveur de laquelle,
sacrifiant les intérêts publics à mes intérêts particuliers, j'aprouvais
tout ce qu'ils osaient faire d'odieux par reconnaissance des faveurs
dont ils me comblaient personnellement.

« Je ne suis point obligé, messieurs, de vous rendre compte des
demandes secrètes que j'ay pu faire de mon chef dans la circonstance
critique où je me suis vû, ni des raisons qui m'ont guidé dans les
ménagements que j'ai dû garder ; moins encore des instructions sub-
séquentes que j'ay reçues de la cour, ni des négociations que j'ay
faites en conséquence, tout cela doit étre un mistère qu'il seroit même
téméraire à vous de vouloir pénétrer. Mais comme dans ce que je
vous ay cité cy-dessus, il n'est question que de ce que tout le monde
sçait, je me crois en droit de vous demander compte de ce que vous
en avès apris par la voix publique et de ce que vous en avès marqué en
France, afin que je sois en état de juger de la sincérité de vos relations, et de convaincre de faux celuy ou ceux qui en ont donné d'infidelles. S'il y a quelqu'un parmy vous, comme il n'y a pas lieu d'en
douter, qui ait voulu s'ériger en nouveliste, et s'il n'a prétendu dire
que la vérité, il ne doit pas craindre de la répéter icy, puisque c'est
le lieu où on est le plus à portée d'en juger et de la soutenir par des
preuves nullement équivoques. Voilà le seul moyen qui puisse justifier la liberté qu'il a prise. Au surplus, je crois inutile de vous prévenir que vous pouvès vous expliquer sur les faits en question en toute
liberté, et sans craindre que je me serve de votre déclaration pour
vous faire icy des affaires auprès des Algériens. Vous connaissès tous
combien je condamne la pratique d'avoir recours à leur juridiction
et de leur donner connaissance des cas qui peuvent survenir entre
Européens. Si quelqu'un de vous, cependant, ne me rendait point à
cet égard la justice qui m'est duë, je veux bien lui donner icy toutes
les assurances propres à luy oter ses apréhensions et à ne lui laisser
aucun prétexte de silence. Je m'engage donc à ne rien dire absolument à Alger, des aveux qui se feront dans cette assemblée, et je fais

très-expresses défenses à tous ceux qui la composent d'en rien divulguer aussy pour quelque cause que ce puisse être, à peine d'en porter des plaintes qui le perdraient infailliblement. Si je manque moy-même à mon engagement, je consens de demeûrer duëment convaincu, et je passe condamnation sur toutes les imputations faites contre moy au sujet desquelles je vous ay convoquês. Et a signé. — (*Signé:*) Lemaire.

« Surquoy lesdits sieurs assemblés ont répondu unanimement qu'ils n'ont envoyé en France aucune relation sur l'affaire du capitaine Prépaud, moins encore contre la gestion de Monsieur le consul, et ont signé avec nous chancelier. (*Signatures.*)

« Après la réponse cy-dessus des dits sieurs assemblés, mon dit sieur le consul a repris la parole, et a dit : Messieurs, je m'aperçois par votre silence et par le désaveu général des imputations faites contre moy en France, que nul de vous ne veut s'en déclarer l'auteur. Je veux bien ne pas pousser plus loin mes recherches pour le présent ; mais il m'importe toutefois d'éclaircir les faits qui ont servi de baze à la calomnie. Le feu capitaine Jean-François Prépaud ayant été débarqué et amené chez le Dey, il ordonna qu'on le pendit ; les officiers de la Régence le suplièrent de commuer son suplice en une bastonnade, et le caznadar s'engagea à la luy faire donner de façon qu'il n'en réchaperoit pas, ce qui fut exécuté sur le champ. Vous ignorès peut-être le message qui me fut envoyé pour m'enjoindre de ne pas me présenter sous peine d'essuyer le même traitement, moy et tous les François qui résident à Alger, et de causer une rupture avec la nation ; vous n'en avès véritablement rien apris de ma part, mais la voix publique doit vous avoir instruit des dispositions où l'on était. Tout cela fut fait dans moins d'un quart d'heure, de sorte qu'on n'eut ni le temps de prévoir le coup, ni même celuy de braver les menaces, tant il s'en faut que le caznadar ait attendu que je me présentasse, luy qui outrant la barbarie et dirigeant un suplice qu'il aurait pu adoucir sans se compromettre, l'a poussé au dernier excès. Deux jours après je vis le Dey, qui me dit que j'avais bien fait de suivre ses ordres et de ne point me présenter devant luy, ne désavouant point qu'il aurait exécuté ce que sa colère luy avait dicté, ajoutant de plus qu'il traiterait en ennemi celuy qui luy parleroit de cette affaire. La même intimation a été faite aux consuls étrangers, puisque je tiens de la propre bouche de quelques-uns d'iceux, que le Dey leur avait fait dire de n'en pas ouvrir la bouche sous peine d'être chassez d'Alger et d'occasionner peut-être la guerre à leur nation, de quoy j'auray des attestations quand il me plaira. Ces procédés, messieurs, annoncent-ils la possibilité qu'on a prétendû démontrer d'arrêter la violence des Algériens, et laissent-ils le moindre lieu de me taxer d'indolence, de timidité on d'intelligence avec eux ? Je n'ay fait aucun pas en faveur de l'équipage du cap. Prépaud jusqu'à la réception des ordres de la cour, et je n'ay pas besoin de vous dire pourquoy. Depuis lors, n'avès-vous pas été témoins des mouvements que je me suis donnez, et ne devès-vous pas sçavoir qu'après avoir employé inutilement toutes les voyes de la douceur, j'ay parlé non-seulement en particulier, mais encore en public, d'un ton asses haut, asses ferme et asses menaçant pour faire craindre la puissance du Roy aux dépens même de ma sureté : que ce soit le hazard ou ma conduite qui ait opéré, je suis venu à bout d'une partie de mes desseins, et j'espére que le Seigneur favorisera les autres ; ce qui ruine déjà les conjectures calomnieuses des mal intentionnés. Après vous avoir laissé répondre librement et sans prevention à mon premier exposé, je suis bien aize de vous avertir, messieurs, que S. M., que Mgr Rouillé, son ministre, et que toutes les personnes à qui je dois rendre compte, sont jusqu'à présent satisfaites de ma conduite. Cela devrait me suffire et me tranquiliser ; mais à un homme d'honneur il luy reste toujours quelque chose à faire lorsque sa réputation est attaquée et que les gens indifférents à s'éclaircir ont pû être séduits. Je prétends relancer la calomnie jusque dans son dernier réduit, qui est le silence et l'obscurité quand elle est impuissante ; c'est pourquoy j'exige que vous temoignès actuellement si vous sçavès quelque chose de contraire aux faits que je viens d'alléguer.

« Il n'est pas inutile de vous faire apercevoir aujourd'hui que plusieurs d'entre vous sont souvent tombés dans le cas de parler témérairement et sans mesure des affaires des couronnes qui sont en paix avec Alger, et d'hasarder sur de pareils sujets des propos qui auraient mérité un chatiment exemplaire. J'ay peut-être eu tort de ne pas avoir relevé de semblables fautes ; mais je ne suis pas fâché de n'avoir à me reprocher qu'un excès d'indulgence, et par le même principe, je profite de l'occasiou d'une offense reçuë pour vous donner en revanche un conseil salutaire, qui est d'être prudents dans vos discours et dans vos écrits, de ne vous mêler que de votre commerce, et de ne vous immiscer dans les faits qui vous sont étrangers que lorsque vous en serès requis par qui de droit ; ce sera la marque la plus assurée que vous puissiès donner de votre probité et de la sincérité de vos relations. Et a signé. — *Signé* : Lemaire.

« Surquoy les dits sieurs assemblez ont répondu qu'il a couru beaucoup de bruits contradictoires dans le public au sujet de cette affaire, ainsi qu'il est ordinaire dans ce pays, mais qu'ils ne sçavent rien positivement, et par conséquent ne peuvent rien alléguer contre les faits cités cy-dessus par mon dit sieur le consul. *Signé* : Bossu, Estais, Bérenger, Gimon, Germain. *chanc.* »

Malgré des réclamations incessantes et des menaces de guerre, le gouvernement algérien ne voulut accorder d'autres satisfactions que la mise en liberté de l'équipage. La France était cependant la nation la plus considérée et la mieux traitée par l'odjak. Les petites marines européennes, outre le tribut en matériel et en munitions ou en numéraire qu'elles payaient aux Algériens, avaient à supporter des avanies plus humiliantes encore que celles que nous endurions, et se trouvaient incessamment sous le coup de ruptures soudaines qui étaient pour cet état de forbans une source importante de revenus Ces traditions se perpétuèrent jusqu'aux derniers moments de la Régence, et on ne saurait trop rappeler aux puissances secondaires de l'Europe le service immense que la France leur a rendu, en 1830, en détruisant la piraterie algérienne.

Voici deux nouvelles pièces relatives à l'affaire du capitaine Prépaud.

N⁰ 68. — Dépense à l'occasion de l'équipage de feu capitaine J, F. Prépaud, délivré des fers le 8 février 1754.

« Mandons au sieur Jean-Baptiste Germain, chancelier de ce consulat, ayant l'administration des fonds de la chambre du Commerce de Marseille, de payer des dits la somme de cinq cent nonante pataques chiques qui ont été dépensées pour procurer la liberté de l'équipage du vaisseau du feu capitaine Jean-François Prépaud en divers articles dont nous nous réservons de donner le détail à MM. les échevins et députés du Commerce. Fait à Alger le 9 février 1754 — *Signé :* Lemaire. »

N 69.

« De par le Roy,

« Nous André Alexandre Lemaire, écuyer, conseiller du Roy, consul de France en cette ville et royaume d'Alger,

« Ayant des raisons essentielles de garder icy jusqu'à notre départ l'équipage du feu capitaine Jean-François Prépaud, consistant en vingt-quatre personnes qui avoient été mis à la chaisne d'ordre du Dey et qui ont été relachés depuis le 8ᵉ du mois dernier, et la difficulté comme le risque de les loger à terre, nous ayant forcé de les transférer successivement sur divers bâtiments françois qui ont abordé au port d'Alger, comme il se trouve aujourd'huy qu'il n'en reste plus d'autre que le vaisseau la Concorde commandé par le capitaine Dominique Cehot, lequel est destiné pour aller à Tedelis faire un chargement de blé, etc. Donné à Alger le cinquième mars mil sept cent cinquante-quatre. *(Signé :)* LEMAIRE. »

La première de ces deux pièces fixe la date de la mise en liberté de l'équipage du capitaine Prépaud et constate, ce qui était probable, que cette délivrance ne fut pas due uniquement à l'action diplomatique de notre consul, et que les présents jouèrent dans cette circonstance leur rôle habituel. On y remarque aussi que M. Lemaire, gardant rancune à ses compatriotes des bruits calomnieux qu'ils avaient répandus sur son compte, ne voulut pas les initier aux mystères de sa politique, et se réserva, contre l'usage, de donner lui-même à la chambre de Commerce de Marseille, les justifications relatives à l'emploi de la somme de 708 francs qu'il avait dépensée pour arriver à ses fins.

Il résulte de la seconde pièce que notre consul avait le dessein d'aller, en personne, donner à sa cour des explications sur cette affaire, et que tenant à ne se laisser devancer en France par aucun des témoins de l'évènement, il les retint plusieurs mois à Alger dans ce seul but. M Lemaire partit en effet, quelque temps après, laissant l'intérim du consulat à son chancelier, M. Jean-Baptiste Germain; je ne connais pas la date précise de ce départ, mais le document suivant fait connaître que le 23 août 1754, il était un fait accompli.

Nᵒ 70. — Enregistrement d'une lettre de monseigneur de Machault, ministre de la Marine, à M. Germain, chancelier du consulat de France, Alger, faisant fonction de consul. — A Versailles, le 23ᵉ aoust 1754.

« La perte que la France avait faite par la mort de monseigneur le Duc d'Aquitaine vient d'être réparée par la naissance d'un troisième prince dont madame la Dauphine a été heureusement délivrée. Le Roy a été sensiblement touché de cette nouvelle faveur du ciel qui ajoute autant à la satisfaction qu'au bonheur de ses Etats, et Sa

Majesté, persuadée que tous ses sujets ressentiront à l'envi un évènement aussy intéressant m'a ordonné de vous en faire part, afin que vous en informiés les négociants, navigateurs et autres françois, qui se trouveront dans votre département. Quoyque l'intention de Sa Majesté ne soit pas que la nation fasse à cette occasion aucune fête ou réjouissance dispendieuse, je ne doute pas qu'elle ne fasse éclater sa joye pour cette heureuse naissance qui doit être célébrée par un *te deum* chanté en action de grâces. L'intention de Sa Majesté est aussy que vous vous rendiés, à la réception de cette lettre, chez le Dey, pour luy notifier cet évènement auquel Sa Majesté est persuadée qu'il prendra part comme toutes les puissances amies de la France. — *Signé :* MACHAULT. »

Enregistrée à Alger, le 18 septembre 1754.

Pendant cet intérim de M. Germain, je trouve les deux pièces suivantes qui sont relatives à des présents.

No 71.

« Le 29e octobre 1754, la nation vote un cadeau aux nouveaux gardiens Bachi et Balukbachis nommés par le Dey, attendu: » « Que « ces employés influent extrêmement sur les affaires de la nation « françoise par la nécessité qu'on a de pouvoir recourir aux bons « offices de ces deux officiers en certaines rencontres qui ont raport « au bénéfice du commerce et à la navigation de nos capitaines. »

No 72. — Assemblée.

« Cejourd'hui 13e décembre 1754, messieurs Arnould Bossu, vicaire apostolique, Nicolas Bérenger, Dominique Estais et Louis Michel Gimon, négociant françois, assemblés en présence de nous, Jean-Baptiste Germain, chancelier du consulat de France, faisant fonction de consul en cette ville et royaume d'Alger, en absence de M. Lemaire, pour délibérer sur les présents qu'il y a à faire au Dey nouvellement élu, au Casnadar et à l'Aga. Surquoy ayant pris en considération les usages établies en pareilles occasions, les dits sieurs assemblés ont délibéré de faire présenter par le drogman du consulat à son excellence Aly aga Dey d'Alger, un riche cafetan de drap d'or, huit pics de drap, et des rafraîchissements en sucre et en sirop de capilaire, au nouveau Casnadar nommé par le Dey un cafetan d'une petite étofe brochée en or avec huit pics de draps et des rafraîchissements, et pour ne pas s'attirer dans la conjoncture présente les mauvaises gráces de Cherif Chaoux, amy du Dey, qui l'a nommé aga à sa place, il seroit présenté au dit aga quatre pics de drap, deux pics de bazin et des rafraichissements. La dépense des quels trois présents énoncés ci-dessus devant être payée par mon dit sieur Germain, administrateur des fonds de messieurs de la chambre du commerce de Marseille pour être passée au compte de la dite chambre, etc. (La dépense s'est élevée à 942 pataques. *Note de l'auteur*).

Le 21 juin 1755, M. Lemaire arriva à Alger, ainsi que cela résulte d'une note inscrite à la date du 30 du même mois sur la main courante de la chancellerie. Il était chargé de présenter de nouvelles réclamations au sujet de l'affaire du capitaine Prépaud ; mais Ali Dey lui opposa que cette affaire n'ayant pas eu lieu sous son gouvernement, il n'avait pas à s'en préoccuper. Il fut impossible d'obtenir de ce pacha d'autre satisfaction que la promesse que pareille violation des traités ne se reproduirait plus.

Le 4 août 1755, M. Lemaire partit de nouveau d'Alger pour se rendre à Marseille, laissant le consulat à M. Germain. Cete seconde absence, qui n'est pas signalée par M. Rang, dans son *précis analytique*, résulte d'une *note* inscrite à la date du 13 du même mois sur la main courante de la chancellerie du consulat.

Pendant ce second intérim de M. Germain, je trouve la pièce suivante qui est une nouvelle preuve de la position difficile qu'avaient les Français établis à Alger.

N° 73. — Assemblée de la nation concernant le capitaine Pierre Daniel, commandant le brigantin Saint-Charles.

« Jean-Baptiste Germain, chancelier du Consulat de France, faisant fonction de consul en cette ville et royaume d'Alger.

« Messieurs,

« Je vous ay prié de vous assembler pour vous communiquer que le Dey m'ayant fait dire par le Drogman qu'il avait à me parler, ainsi que vous avés sceu, je suis venu en ville à cet effet pour me rendre à ses ordres et surtout dans la conjoncture présente où je dois être attentif à tout. J'ay été chez luy cet après-midy à deux heures. Son Excellence m'a dit : les marchands maures de Tripoly de Barbarie, nolizataires du bâtiment du capitaine Pierre Daniel, sont venus me présenter une obligation par écrit de ce capitaine François qui leur doit environ cinq cent sequins ; j'ay nommé Kagi Osman marchand Turc pour faire droit au capitaine, afin qu'on luy paye le nolis qui luy sera dû et qu'ensuite les marchands maures soient payés de quelque façon que ce soit ; vous ne manquerés pas de les satisfaire sans delay. Un moment après le Dey m'a dit : je suis toujours plus étonné qu'on dise que vos chebeks ont pris une galiote Algérienne, qu'ils ont tiré sur elle pour la couler bas et amené l'équipage de cette galiote en France, avés vous quelque nouvelle de celà ? J'ay répondu au Dey : Seigneur, j'ay eu l'honneur de vous dire ces jours passés que je n'avais, et jusqu'à présent aucune lettre de Marseille ni d'autre part qui marquassent pareil évènement, que j'attendais avec impatience d'être éclairé. Le Dey m'a répliqué : nous verrons comment celà sera, allez toujours faire payer ces nolizataires, et que cette affaire ne traîne pas. J'ay été sur le champ avec le Drogman au fondouk de Kagi Osman, ou j'ay trouvé les nolizataires. J'ay fait venir le capitaine Daniel...... Surquoy Kagi Osman a pris le contrat de nolizement en main et a dit au dit capitaine Daniel et aux marchands Maures, j'ay ordre du Dey de finir cette affaire, êtes-vous d'accord que je déchire le contrat de nolizement pour le voyage être tout à fait fini et rompu. Le dit capitaine et les marchands Maures ont répondu nous consentons. Kagi Osman ayant déchiré en notre présence le dit contrat de nolizement, m'a dit allés chercher de l'argent pour payer ces Maures ; si non je vais payer moi-même en ce moment et vous me le rembourserés, j'ay ordre du Dey de terminer cette affaire et que ces marchands soyent satisfaits au plutôt. Vous avés été informé, messieurs, de l'impossibilité où se trouvait ce capitaine pour avoir de l'argent icy non seulement pour satisfaire à son obligation, mais encore pour des besoins urgents, et de l'ordre que le Dey donnait à Kagi Osman de terminer cette affaire et à moy de payer après la justice du dit Kagi Osman rendue. Je vous prie de délibérer en conséquence.

« Surquoy, nous soussignés, etc. Négociants composant le corps de la nation françoise établie en cette echelle, en conséquence de l'exposé cy-dessus de mon dit sieur Germain, chancelier de ce consulat faisant fonction de consul, avons délibéré unanimement que pour satisfaire par force supérieure à l'ordre du Dey et au jugement rendu par le dit Kagi Osman, il falait sans delay payer les dits marchands Maures, etc. 25e septembre 1755. — (*Signé :*) A. Bossu ; Daniel ; Bérenger ; Estais ; Germain. »

A partir du 1er juillet 1756, on retrouve M. Lemaire à Alger, comme le constatent les pièces ci-après.

N⁰ 74 — Mandat.

« André-Alexandre Lemaire, écuyer, conseiller du Roy, consul de France à Alger, mandons au sieur Benezet Armeny, chancelier subrogé de ce consulat ayant l'administration des deniers de la chambre du Commerce de Marseille de payer 48 pataques pour une veste de quatre pics de drap présentée à Agi Aly, officier du Bey de Constantine qui a apporté au Dey la nouvelle de la prise du Kef dans le royaume de Tunis, auquel officier tous les grands du pays et les consuls Européens ont fait des présents pour témoigner la part qu'ils prennent aux bons succès de la Régence et la ditte somme de 48 pataques sera passée au compte de la chambre du Commerce ainsy qu'il est d'usage. A Alger, le 1ᵉʳ juillet 1756. — *Signé* : Lemaire.

N⁰ 75. — Assemblée au sujet d'un présent pour le nouveau capitaine du port et de quelques donatives à faire aux courriers qui ont apporté les nouvelles de la prise de Tunis.

« L'an mil sept cent cinquante-six et le onzième du mois de septembre avant midy, par mandement de M. le Consul, M. le vicaire apostolique et tous les sieurs négociants françois résidens en cette echelle, ont été convoquez et assemblez ; auxquels mon dit sieur le Consul a dit, ecrivant le sieur Benezet Armeny, chancelier subrogé.

« Messieurs. je vous ay fait assembler pour vous dire qu'il y a quelque temps que le Dey, par mécontentement contre l'ancien capitaine du port l'a révoqué et en a nommé un à sa place apellé Omar Rays. C'est un officier dont il convient de ménager l'amitié dans le poste qu'il occupe, étant très-utile à tous les bâtiments François qui abordent ici et d'un autre côté pouvant leur nuire beaucoup. Les consuls Européens lui ont déjà fait des présens, il pourroit s'aigrir contre la nation Françoise si nous tardions davantage à luy faire le nôtre. Je pense que six pics de drap suffiront pour le contenter en y joignant quelques confitures, sirops et liqueurs que je fournirai de celles que la chambre du Commerce m'a adressé.

« Il n'est pas moins indispensable de faire quelques donatives en argent aux courriers qui viennent d'arriver et qui ont apporté la nouvelle de la prise de Tunis, afin de témoigner par là la part que nous prenons aux bons succès de la Régence. Les autres nations l'ont fait et la chose est d'autant plus inévitable que ces courriers ont permission du Dey de parcourir toutes les maisons avec un homme de l'Aga et d'exiger cette espèce de gratification.

« Je vous prie de délibérer sur ces deux chefs. — *Signé* : LE-
MAIRE.

« Surquoy les dits sieurs assemblez ont unanimement délibéré qu'il
convient de présenter au capitaine du port six pics de drap dont la
valeur monte à 72 pataques ; et de donner en argent comptant la
somme de 103 pataques 4 temins aux deux compagnies de courriers,
la Turque et la Maure, qui ont apporté la nouvelle de la prise de
Tunis, le tout étant pour l'honneur et utilité de la nation Françoise ;
laquelle dépense sera passée au compte de la chambre du Commerce
de Marseille, et ont signé. — *Suivent les signatures de* : BOSSU ;
BÉRENGER ; GIMON ; ESTAIS ; BENEZET ARMEMY, chancelier subrogé. »

Nº 76.

« De par le Roy,

« Il est ordonné au sieur Christophle Brignol, commandant la tartanne Saint-Vincent Ferrié d'aller à Tunis avec son dit bâtiment pour
le service de la Régence d'Alger, charger ce qui lui sera consigné au
dit Tunis et l'apporter ici, le tout en conséquence de l'ordre précis
du Dey sous peine en cas de refus d'y être contraint par force.

« A Alger, le dix-sept septembre mil sept cent cinquante-six, signé
Lemaire. Par mondit sieur le consul, signé Benezet Armeny, chancelier, à l'original.

« Enregistré par nous, Pierre Benezet Armeny, chancelier subrogé
de ce Consulat, d'ordre de monsieur le Consul, ce jourd'hui 17 septembre 1756. (*Signature de* :) BENEZET ARMENY. »

On voit par cette dernière pièce que notre consul s'efforçait de
prévenir toute cause de mésintelligence en se prêtant avec empressement à tous les désirs du Pacha. Malgré cette condescendance, le
despote barbaresque ne tarda cependant pas à se livrer à un nouvel
attentat au droit des gens sur la personne de M. Lemaire qui déci-
dément jouait de malheur dans ce pays. Voici comment M. Sander
Rang raconte cet événement dans son *précis analytique* :

« Nous citerons encore la conquête de Mahon effectuée par le Roi
de France. Ce fait d'armes causa le plus vif chagrin au Dey, qui dit
à cette occasion qu'il aiderait les Anglais à reprendre ce beau port,
s'ils voulaient l'aider à ressaisir Oran.

« 1757. Ce fut peut-être la mauvaise humeur qu'éprouva alors
Baba-Ali qui le porta à commettre sur la personne du consul de

France l'acte brutal dont nous allons parler. Gâté par l'habitude des présents de la part des puissances Européennes et de leurs agents, il avait fait dire au consul que désormais il en voulait recevoir annuellement de la part du Roi. Cette injonction étant restée sans effet, il prétendit que M. Lemaire se moquait de lui, et le 11 octobre, il le fit saisir et mettre aux fers avec les esclaves. Toutefois, il se servit pour prétexte du refus qu'on venait de lui faire de rendre une prise qu'un de ses corsaires avait faite et qui avait été conduite à Malaga par un bâtiment de guerre Français. Ce bâtiment était Espagnol et le corsaire l'avait capturé sous pavillon Saletin ; le second avait été rendu par le gouvernement, qui avait même ajouté une indemnité en dédommagement de la perte de la prise. Le Dey n'avait point été satisfait. Un mois après, il fut permis au consul de rentrer dans sa maison, mais toutefois en gardant les fers. Au surplus, tous les chrétiens étaient alors maltraités à Alger ; les consuls étaient traités par ces barbares sans nulle considération ; le Dey, ses ministres, et tous les Algériens ne leur parlaient que la menace à la bouche. M. Lemaire, délivré enfin de ses chaînes, ne se crut plus en état de reprendre ses fonctions; il les remit à M. Bossut, vicaire apostolique, et bientôt après il fut rappelé en France. »

M. Rang commet une erreur lorsqu'il place l'arrestation de notre consul au mois d'octobre 1757. Il se trompe également lorsqu'il avance que M. Lemaire, ne croyant pas devoir continuer à remplir ses fonctions, les remit de lui-même à M. Bossu (et non Bossut) en attendant son rappel. Les documents ci-après établissent que l'incarcération de M. Lemaire eut lieu en 1756, qu'après sa délivrance, ce consul n'abandonna pas les affaires, et que M. Bossu fut chargé du consulat en vertu d'un ordre royal.

N° 77. — Assemblée au sujet d'un présent à Ismael Rays, capitan ou amiral de cette Régence.

« L'an mil sept-cent cinquante-six et le quinzième jour du mois de novembre, avant midi, par mandement de monsieur le Consul, M. le vicaire apostolique et tous les sieurs négociants François résidant en cette echelle, ont été convoquez et assemblez, auxquels mondit sieur le Consul a dit :

« Messieurs, je vous ai fait assembler pour vous diré que le Dey, ayant jugé à propos de révoquer Kagi Nourloc amiral de cette Régence, et de lui substituer Ismael Rays ci-devant capitaine du port,

il convient de faire à ce nouvel officier le présent d'usage, attendu que
par sa charge, il influe beaucoup sur les affaires de la nation Françoise qui ont rapport à la navigation ; le changement susd:t s'est fait
le deux de ce mois, mais comme j'étais alors détenu au Bagne, je ne
pouvais vous assembler et je profite de mon retour chez moi pour
remplir cette obligation. Je vous prie de délibérer là-dessus et a signé,
(*Suit la signature de :*) LEMAIRE.

« Surquoy les dits sieurs assemblez ont unanimement délibéré de
faire au nouvel amiral le présent tel qu'il a été donné à son prédécesseur le 10 décembre 1753, composé de deux vestes de drap, de
quatre pics chacune avec quelques bouteilles de sirop, liqueurs et
confitures. Et ont signez. — *Suivent les signatures de :* BOSSU ;
GIMON ; ESTAIS ; BENEZET ARMENY, chancelier subrogé.

N 78. — Enregistrement.

« De par le Roy,

« Il est ordonné au capitaine Antoine Martin, de Saint-Tropez, commandant la barque Saint-Tropez, de ne montrer et communiquer à
personne soit Européen, soit Turc, Maure, Grec ou Juif, jusqu'à ce qu'il
soit hors des limites du royaume d'Alger, le visa qui a été mis à Alger
dans sa patente de santé où il est fait mention d'un soupçon de peste,
attendu que le gouvernement de cette Régence ne veut point qu'on
mette à jour de pareils soupçons et seroit capable de sévir contre
ceux qui remplissent leur devoir à cet égard et de gêner la liberté
dont les consuls doivent jouir de déclarer le vrai état de la santé
dans les patentes, ce qui entraîneroit à de fâcheuses conséquences
pour la santé de l'Europe, etc. Le tout, à peine en cas de désobéissance de répondre de tous les évènements qui pourraient s'en suivre.
A Alger, le 20 novembre 1756. *Signé :* LEMAIRE.

N° 79. — Enregistrement.

« De par le Roy,

« Sa Majesté voulant retirer incontinent et sans délai le sieur Le
Maire d'Alger, Elle a nommé et commis, nomme et commet le sieur
Bossu, vicaire apostolique en ce pays, pour y prendre le titre et faire
toutes les fonctions de Consul de France dont Sa Majesté lui attribue
à cet effet toute l'autorité de la meilleure manière et forme possible,
enjoint à tous négocians François, capitaines et gens de mer, trafi-
quant et naviguant sous la bannière de France, de reconnaître le dit
sieur Bossu, et de lui obéir en la dite qualité de Consul. Fait à Ver-

sailles, le 16 novembre 1756. Signé : Louis, et plus bas signé : Machault.

« Enregistré l'ordre du Roy ci-dessus, suivant sa forme et teneur au requis de monsieur Bossu, par nous Pierre Benezet Armeny, chancelier subrogé de ce Consulat de France à Alger, soussigné, cejourd'hui premier décembre mil sept cent cinquante-six. *Signature de :* BENEZET ARMENY. »

En quittant Alger, M. Lemaire se rendit à Raguse pour y exercer la charge de consul de France. C'est du moins ce qui résulte d'une note que j'ai trouvée dans les archives du Consulat.

VIII.

Le court consulat de M. Bossu, dont l'installation était évidemment provisoire, ne me fournit que les quatre documents ci-après, dans lesquels domine, comme toujours, la question des présents.

Nº 80. — Enregistrement d'une lettre écrite par Monseig. de Machault, ministre Secrétaire d'Etat de la Marine à M. Bossu, consul.

A Versailles, le 6 janvier 1757.

« Le bruit de l'attentat affreux qui a été commis contre la personne du Roy, monsieur, vous aura appris que Sa Majesté avait été blessée d'un coup de poignard par un malheureux qui a trouvé le moyen de s'en approcher au milieu de sa garde le soir du 5e de ce mois. Je sens trop par moi-même le juste effroi qu'un crime aussi noir aura répandu dans l'esprit de tous les Franç*ois pour ne pas me hâter de leur donner dans tous les pays étrangers, la satisfaction de savoir que Dieu a préservé Sa Majesté et la France du danger dont elle a été menacée. Sa Majesté est actuellement dans un état de parfaite guérison et laisse au zèle et à l'amour de ses sujets le soin de partager avec elle les grâces qu'ils doivent rendre à Dieu de le leur avoir conservé.

« L'assassin a été arrêté et on instruit son procès. — *Signé :* MACHAULT.

«Enregistré à Alger le 1er mars 1757. »

N⁰ 81. — Assemblée au sujet d'un présent à Mehemet Cogea, nommé Velki-largi ou Intendant de la Marine de la Régence.

« L'an mil sept cent cinquante-sept et le 25ᵉ février avant midy, par mandement de M. Bossu, consul, vicaire apostolique, etc.

« Messieurs,

« Vous n'ignorés pas sans doute que le Dey vient de nommer à la place de Vekilargy ou Intendant de la Marine, occupée ci-devant par Agy Mehemet, Mehemet Cogea, neveu du feu Dey Ibrahim pacha, homme en très-grande faveur. Il est très à propos de se ménager l'amitié de cet officier, le poste qui vient de lui être accordé le met à la tête des affaires maritimes de cette Régence. J'ai pris connaissance des diverses donatives qui ont été faites en diférentes occasions à celui auquel il succède, quoique j'ay vû que dans le premier voyage qu'il alla faire à la Mecque, vous jugeates qu'il était à propos de présenter à Assan qui le remplaca par intérim un caffetan d'étoffe brochée en or et une montre d'or, ainsi qu'il conste par la délibération du 30 juin 1749, il me semble qu'au moyen d'un caffetan d'étoffe fond d'or de la valeur de 40 sequins, nous satisferons par cette politesse à ce que son avènement pourroit lui faire désirer de nous, et nous nous préparerons les moyens de l'employer utilement relativement à nos intéréts divers quand l'occasion s'en présentera. Je vous prie de délibérer, et a signé. *Signature de :* BOSSU. »

(*Note de l'auteur*. Ce présent a été voté par une délibération portant la signature de MM. Bérenger ; Gimon ; Estais ; Benezet Armeny, chancelier subrogé).

N⁰ 82. — Assemblée au sujet d'un présent à Ali Cogea, écrivain des chevaux.

« L'an mil sept cent cinquante-sept et le 13ᵉ jour du mois d'avril, par mandement de M. Bossu, consul, vicaire apostolique, etc.

« Messieurs,

« Le Dey ayant nommé à la place d'Ecrivain des chevaux Ali Cogea, grand écrivain de la Régence, et cet officier ayant toujours témoigné beaucoup d'attention pour tout ce qui est François, je pense qu'il est bien de lui témoigner par un présent qui pourra être composé de quatre pics de drap et d'un caffetan d'une étoffe brochée en or, la part que nous prenons au choix, que le Dey vient de faire de lui. L'évènement par lequel cette place lui est confiée, vous est connu, et vous pouvés aisément juger combien cette honnêteté de notre part est placée.

« Je vous prie de délibérer, et a signé. (*Signature de* : Bossu. »

« Surquoy les dits sieurs assemblés ont unanimement délibéré de faire présenter à Ali Cogea, etc., et cette dépense étant pour l'honneur de la Nation, le montant de ce présent sera passé au compte de la chambre du Commerce de Marseille et ont signé. *Signatures de :* Estais, Bérenger, L. M. Gimon, Benezet Armeny, chancelier subrogé. (Il résulte d'un mandat du Consul que la dépense s'est élevée à la somme de 150 pataques, soit 180 francs. *Note de l'auteur*). »

N° 83. — Assemblée au sujet de divers présents jugez nécessaires pour le bien et l'avantage du commerce.

« L'an mil sept cent cinquante-sept et le vingt-deux du mois d'aoust, par mandement de monsieur Bossu, consul, vicaire apostolique, tous les sieurs négociants françois ont été convoquez et assemblez, auxquels monsieur le consul a dit, écrivant le sieur Pierre Benezet Armeny, chancelier subrogé de ce Consulat.

« Messieurs,

« Vous avés vu arriver [ici la goulette la Suzane, dite l'Aigle, bâtiment François abandonné par le capitaine Girard, de Marseille, à un chebek de cette Régence, dont il a eu rencontre vers la côte d'Espagne. Ce bâtiment, qui allait à la Martinique, entra dans ce port monté par des Algériens, dans la nuit du 18 du mois de juillet et le 19 au matin, m'étant porté à la marine, et me trouvant au débarquement des papiers que le Vekilargy de la Marine se fit apporter, je reconnus par diverses polices ce bâtiment pour François ; j'en fis la réclamation, ma prétention fut portée au Dey, qui me fit dire en conséquence de faire venir un équipage ; l'équipage est arrivé, le bâtiment m'a été rendu, cela est dans la justice.

« Je ne vous ferai point ici le détail des démarches que j'ai faites vis-à-vis des officiers de la Régence pour en venir à ce que mon état exigeait. Je me borne à vous prier de vous rappeller que toutes les fois qu'il s'est agi de pareilles restitutions, les consuls qui m'ont précédez après avoir réussi, se sont fait un devoir de témoigner leur reconnaissance par diverses donatives, leur exemple pourrait me servir de règle dans cette occasion, mais étant juste de vous représenter l'état actuel des affaires de cette echelle, il est à propos que je vous dise qu'il est essentiel de se concilier la bienveillance de deux personnes de ce gouvernement dont le crédit vous est assés connu, le Cazenadar et le Vekilargy de la marine, ils se sont prettés l'un et l'autre avec asses d'empressement à la justice que le Dey vient de nous rendre ; d'ailleurs il est bien de les disposer à recevoir suivant nos désirs M. Perou, qui doit bientôt venir me remplacer ; le voir accueilli avec distinction, est ce que nous souhaitons le plus et le gré que ces officiers nous sauront de notre générosité, ne peut que rejaillir sur lui et lui préparer les voyes, au moins est-ce le but que je me propose ; il me paraît donc que pour les y engager efficacement, il est à propos de saisir cette occasion pour présenter à chacun d'eux un caffetan de la valeur d'environ 50 à 60 sequins.

« Je juge nécessaire de faire quelques présents à d'autres officiers de la marine, je les borne à 8 pics de drap pour l'amiral, six pour le capitaine du port, autant pour l'écrivain des prises qui a eu soin de la goulette la Suzane depuis son arrivée dans ce port. Ces officiers sont à même d'influer beaucoup sur la tournure des affaires qui peuvent nous arriver journelement, c'est dans des occasions où nous n'avons pas à nous plaindre, qu'il me semble qu'il est raisonnable et décent de témoigner que nous sommes susceptibles de reconnaissance.

« Le drogman de la Nation vient de se marier, nous devons quelque chose à son établissement, plus encor à nous mêmes, cet homme est à notre service, je suis d'avis de lui donner une gratification de 40 sequins.

« Je vous prie de délibérer sur ce sujet et a signé. — *Signature de :* Bossu. (Ces propositions ont été approuvées par une délibération portant la signature de MM. Bérenger ; L. M. Gimon ; Crest, Benezet Armeny. *Note de l'auteur*).

Quelque temps après cette dernière délibération, le 11 novembre 1757, M. Joseph Barthelemy Perou, conseiller du Roy, vint prendre possession du consulat qui lui était confié. Il résulte d'une note que j'ai trouvée dans les archives que ce consul était précédemment directeur général des concessions de la Compagnie Royale d'Afrique. Dans les provisions de M. Pérou, je remarque la phrase suivante ·
« .... pour la dite charge avoir tenir et exercer pendant le temps
« qu'il nous plaira. » Jusqu'alors les pouvoirs conférés à nos agents avaient été limités à la durée de trois années, à cause des exigences

cupides des Algériens, qui recevaient un présent lors de chaque changement ou confirmation du Consul. Dans la situation qui nous était faite dans ce moment à Alger, cette modification dans les errements suivis jusqu'alors était une protestation énergique contre la rapacité vexatoire et humiliante des pirates barbaresques.

Voici les documents que nous fournissent les commencements du consulat de M. Pérou.

Nº 84. — Assemblée de la nation pour un présent à l'amiral à l'occasion de son mariage.

« Aujourd'hui 12e janvier 1758, nous soussignés, en présence de monsieur Joseph Barthelemy Pérou, conseiller du Roy, Consul de France en cette ville et royaume d'Alger, ayant pris en considération les usages établis en certaines occasions du nombre desquels il nous a paru qu'il falait mettre le mariage du capitan ou amiral de cette Régence en luy faisant un présent proportionné à sa dignité qui a beaucoup de raport aux affaires de la Nation et qui nous obligent de recourir souvent à ses bons offices en diverses rencontres qui intéressent la navigation de nos capitaines, nous avons délibéré de faire présenter par le drogman seize pics de damas à Sidi Ismaël, amiral, dont le prix sera payé par M. Germain, chancelier de ce Consulat, ayant l'administration des fonds de MM. de la chambre du Commerce de Marseille, pour être passé en dépense au compte de ladite chambre et ainsi a été délibéré à Alger dans l'assemblée tenue dans la maison consulaire l'an et jour que dessus. — *Signatures de* : GIMON ; BÉ-. RENGER ; GROISELLE, provicaire apostolique ; MEIFRUN ; CREST ; BENEZET ARMENV ; GERMAIN, chancelier ; PÉROU. »

Nº 85. — Assemblée de la nation pour les présents à faire à l'occasion de l'affaire de la Galiotte et des prétentions du juif Busciara.

« L'an mil sept cent cinquante-huit et le dix-sept du mois de juin, sur mandement, etc.

« Messieurs,

« Personne de vous n'ignore qu'ayant été présenter au Dey une lettre que monseigneur de Morar, ministre de la marine luy a écrite au sujet de la malheureuse affaire de la Galiotte d'Ali Cogea, qui fut prise par le capitaine Victorio, commandant un chebek armé en course à Mahon, la croyant Saletine, qu'il relacha dès qu'il s'aperçut qu'elle apartenait à cette Régence et qui malheureusement a ensuite péri sur cette cote. Le ministre disant dans cette lettre au Dey que les choses ne s'étaient pas passées comme on les luy avoit raportées, il se récria beaucoup et prétendit que la Galiotte avoit mis son pavillon et fait les signaux usités entre les sujets de cette Régence et les François, prétention contraire à ce qu'on a dit d'abord que le cap Victorio avoit attaqué la dite galiotte sous pavillon Espagnol ; ce qui avoit été cause qu'elle n'avoit pas mis le sien. Effectivement, il luy auroit été inutile et encore moins de faire à des Espagnols les signaux des François ; surquoy croyant de pouvoir calmer la colère du Dey, je luy présentai avec beaucoup de respect que S. E. ni monseigneur de Morzas n'étoient pas présens lorsque cette action s'est passée, qu'il convenoit dans une affaire aussi malheureuse que celle-cy ne pas croire tout ce que chaque parti alleguoit, mais aussi ne pas tout rejetter et qu'étant certain que le cap. Victorio n'avoit pas eu dessein d'offenser la Régence, puisque dès qu'il s'étoit aperçu que la Galiotte étoit Algérienne, il l'avoit relachée sans difficulté, il étoit à propos d'arranger les choses avec amitié, modération et équité ; le Dey ne me laissa pas finir et me regardant avec des yeux remplis de fureur, m'ordonna de me retirer, me menaçant de se payer bientôt amplement et de la galiotte et de toutes les autres prétentions qu'il avoit sur nous, ce qui étoit me dire qu'il allait faire courir sur nos bâtiments. Je voulus faire quelques instances pour tâcher de luy faire entendre raison, mais tant le Dey que les officiers qui étoient à son entour s'étant emportez sur ce que je n'obéissais pas, et craignant quelque violence, je fus obligé de me retirer.

« Vous savés aussi, messieurs, tous les bruits qui se répandirent dans la ville ensuite de cette audience. Vous avés partagé mes chagrins et mes inquiétudes, et je vous dois la justice que vous n'avés rien oublié pour ramener les esprits à la raison. Enfin, après plusieurs jours que nous avons passé dans cette cruelle perplexité, je suis parvenu à me faire écouter par les principaux officiers de la Régence qui d'abord étoient aussi fiers que leur maître et l'ont engagé à prendre des arrangements sur touttes les affaires qui sont en litige.

« Outre celle de la galiotte, il y en avait encore deux autres qui regardoient Jacob Busciara, juif de cette ville, réclamateur en premier lieu d'un chargement de bled qui luy fut pris par un corsaire François sur un bâtiment Anglois, et en 2e lieu d'un bâtiment à luy appartenant qu'il avait expédié de cette ville sous pavillon Toscan, commandé par le capitaine Lazariny de Livourne, et de son chargement consistant en 4355 mesures de bled et en 282 quintaux de laines et autres effets, aussi pris par un autre François.

« Le ministre avoit fait régler la première de ces affaires à 17000 livres, mais ce juif ou pour mieux dire le Dey à qui le prix du dit bâtiment et des deux chargements est dù, n'en étoit pas content, ayant en main une lettre du sieur Vanderleven qui luy marquoit qu'il y avoit 1600 charges de bled qui avoient produit 26400 livres.

« A l'égard de la prise du capitaine Lazariny, on prétendait que le bled et les laines fussent payéz sur le pied que le tout se seroit vendù à Livourne, si le bâtiment y étoit arrivé ; et on voulait en sus des dommages intérêts. J'ay eù toutes les peines du monde pour faire entendre raison sur ces deux affaires au Caznagy ou Grand-Trésorier de l'Etat, qui a enfin convenu que ce seroit faire injure à monseigneur de Moras que de revenir sur le compte qu'il a fait scrupuleusement dresser ; et que le bâtiment de Lazariny s'étant perdu après avoir été pris, il étoit juste de ne payer que le prix coutant tant du bâtiment que de sa charge. Il l'a fait comprendre au Dey qui a ordonné en conséquence que le prix du tout seroit reglé par Kagy Osman, espèce d'inspecteur du Commerce ; et qu'à l'égard de la galiotte et de tout ce qui en dépend, le Vekilargy de la Marine, l'amiral et le capitaine du port, assistéz de quelques armateurs, en régleroient la valeur.

« En exécution de cet arrêté, je suis comparu avec le juif Busciara devant le dit Kagy Osman. Ce juif fesoit monter son simple déboursé à Pat. 38735 1/2. Après bien des contestations, le dit Kagy Osman a reglé le prix du dit bâtiment, de son chargement, les salaires et autres dépenses du dit Busciara à Pat. 34000. A quoy joint les 15112 du bled sur l'Anglais, fait en tout 49112 pataques que je me suis obligé de payer au Gouvernement à qui tout est dû.

« Je fus ensuite à la Marine pour faire liquider la valeur de la galiotte ; et c'est là où vous devès comprendre que je fus bien exercé, puisque vous connaissés l'avidité de l'armateur, son ton et ses manières violentes. Je fis dire au Dey les difficultés que cet homme fesoit, et ce Seigneur envoya un Chaoux pour signifier aux officiers que son intention étoit que le tout se réglat tranquillement et avec équité. Ensuite de quoy les prétentions de cet homme qu'il fesoit monter à près de 18000 pataques, ont été réglées à 10917, y compris 6000 pataques pour la rançon des deux esclaves enlevéz par le capitaine Victorio, et environ 800 pataques pour argent et marchandises qu'on prétend avoir été pilléz sur la ditte galiotte.

6

« Le Dey m'a accordé du tems pour faire venir les sommes à luy duës pour le compte du juif, et j'ay employé partie des 17000 livres qui m'avaient été remises pour la première prétention de Busciara, à l'acquittement de la galiotte et de ses suites pour ne pas faire crier les particuliers qui doivent le recevoir.

« Il ne me reste plus à présent qu'à satisfaire les personnes qui m'ont aidé à finir touttes ces affaires. Le Caznagy, le Vekilargy et le trésorier particulier du Dey m'ont rendû de grands services, tant pour calmer la colère de ce Seigneur, que pour modérer les prétentions du juif et de l'armateur. L'amiral et le capitaine de port se sont aussi prettez pour ce dernier article, et Kagi Osman a fait tout son possible et a obligé le juif de retrancher 4735 pataques sur ses demandes. Vous savés que ces gens ne nous rendent service que dans l'attente d'obtenir des présens de notre part; que ce seroit les offenser cruellement de les tromper dans leurs espérances; qu'indépendamment qu'ils pourroient trouver le moyen de détruire leur ouvrage, nous devrions compter sur toutte leur haine et sur leurs mauvais offices dans les occasions qui pourront arriver. Je vous ay assembléz pour me donner votre avis la dessus, et pour déterminer ce qui doit être présenté à chacun d'eux; et s'il ne convient pas aussi de gratifier le drogman de la Nation qui a agi dans cette occasion avec beaucoup d'ardeur, afin d'exciter son zèle à l'avenir.

« C'est surquoy je vous prie de délibérer et a signé. — (*Signature de*) : Perou.

« Laquelle proposition entenduë, et le tout murement examiné, les dits sieurs assembléz ont unanimement délibéré de présenter sans délay au Casnagi et au Vekilargy un cafetan d'étofe d'or à chacun de la valeur d'environ 60 sequins, à l'amiral, un petit cafetan de 25 à 30 sequins, au capitaine de port, quatre pics de drap, à Kagy Osman, 4 pics de drap et 8 pics de damas, au drogman de la Nation, un cafetan semblable à celuy de l'amiral; et enfin au Caznadar de la golphe (1) du Dey une caisse de sirop qu'il a faite demander, laquelle dépense, qui est indispensable, sera payée des deniers de la chambre du Commerce de Marseille., etc. — *Signatures de* : Bérenger; Groiselle, provicaire apostolique; Benezet Armeny; Crest; Meifrund; Gimon, chancelier subrogé. »

____

(1) Probablement de la *Rorfa*, c'est-à-dire de la chambre, des appartements particuliers du Dey.

N° 86, — Assemblée de la Nation pour un présent d'un cafetan envoyé à
Hagy Mehemet, député de la Régence.

« L'an mil sept cent cinquante-huit et le vingt du mois de novembre, sur le mandement de M. le Consul, M. Groiselle, vicaire apostolique, et les sieurs Benezet Armeny, agent de la Compagnie royale
d'Affrique, Charles Hiacinthe Crest et Pierre Joseph Meifrund, négociants François établis en cette échelle ont été convoqués et assemblés,
auxquels M. le Consul a dit, écrivant nous Louis Michel Gimon aussi
négociant et chancelier subrogé.

« Messieurs,

« Hagy Mehemet, ancien Vekilargi de la marine, envoyé par le
Dey à Constantinople pour y féliciter en son nom et en celuy de la
Régence, le Grand-Seigneur, sur son avénement au trône Impérial,
vient d'arriver couvert de gloire par l'heureux succès qu'il a eu dans
sa mission, ayant obtenû de S. H. tout ce qu'il a exigé pour le service
de cette Régence, soit en artillerie et munitions de guerre, qu'en
effets de toutte espèce pour la construction de l'équipement des vaisseaux, en si grande quantité, qu'indépendamment du bâtiment Sué-
dois qui l'a passé à Constantinople du port de dix à douze mille
quintaux, il a été obligé d'en fretter quatre autres pour aporter tous
les dits effets. Vous n'ignorés pas, messieurs, l'amitié que le Dey a
toujours eue pour luy et la juste confiance qu'il a en ses lumières et
en ses conseils, et combien ils ont inflüé dans les affaires et même
les services qu'il a rendus à la Nation dans des circonstances essentielles. Il ne faut pas douter que les succès inouis qu'il a eu dans
son ambassade n'augmentent infiniment l'amitié et l'estime que le
Dey avoit pour luy et par conséquent son crédit duquel il vient de
donner une preuve non équivoque en fesant d'un seul mot restituer
au capitaine Beaussier, de la Seine, son bâtiment qui avoit été pris
et amené dans ce port par un corsaire Anglais, en revenant de Constantinople, où il l'avait chargé des effets que le G. S. luy a donnés,
nonobstant le passeport de l'ambassadeur d'Angleterre, et ce malgré
touttes les intrigues et les mouvemens que se donnaient plusieurs
personnes du gouvernement attachées au parti de nos ennemis qui
nous ont souvent fait aprehander à tous la confiscation du dit bâtiment en faveur du corsaire, ou du moins qu'on n'obligea le capitaine
Beaussier de le racheter ainsy qu'il est arrivé au capitaine Guirard,
à qui le Dey avait fait donner un passeport par le consul Anglais de
cette ville.

« Vous n'ignorés pas encore, messieurs, notre situation dans cette échelle, et combien il importe au bien, à l'honneur de la Nation et à son avantage que je n'oublie rien pour m'attacher cet officier afin qu'il me soit favorable dans les affaires qui pourront survenir, ayant tout à esperer de ce que peut le secours d'un homme tel que luy et tout à craindre s'il m'étoit contraire. Les consuls des autres nations se sont empressés avec raison de luy témoigner par des présents la part qu'ils prennent à ses heureux succès et la joye qu'ils ont de son retour ; et je vous ay assembléz pour vous demander votre avis, si je dois, à l'exemple des autres, et dans les circonstances présentes, luy faire aussi quelque présent, non seulement pour concilier son amitié à notre Nation, mais encore pour éviter l'effet que produirait en luy ce manque d'attention de notre part : ce qui pourroit aussi indisposer le Dey en luy persuadant que nous ne prenons pas autant de part que les autres nations aux marques d'honneur et de bienveillance que luy a données le G. S.

« C'est surquoy je vous requiers de délibérer et de déterminer ce que je devray donner au cas que vous jugiès ce présent nécessaire, et a signé. (*Signature de :*) PEROU.

« Surquoy les dits sieurs assembléz ont unanimement délibéré qu'il convient de présenter au dit Hagy Mehemet, un cafetan en or, le plus riche qu'on pourra trouver. Cette dépense étant pour l'honneur et l'utilité de la Nation, le montant en sera payé des deniers de la chambre du Commerce, sur le mandat de M. le Consul, qui servira de décharge au sieur Gimon, chargé de l'administration d'iceux, et ont les dits sieurs délibérant signés l'an et jour que dessus. — (*Signatures de :*) GROISELLE, vicaire apostolique ; BENEZET ARMENY ; CREST ; MEIFRUND ; L. M. GIMON, chancelier subrogé.

« Le sieur Gimon, chancelier subrogé de ce Consulat, chargé des fonds de la chambre du Commerce en cette ville, faira dépense de 561 pataques qu'il a payé pour le prix d'un caffetan d'étoffe d'or présenté à Sidy Mahamet ensuite de la délibération cy-dessus, laquelle somme luy sera allouée en rapportant le présent et l'acquit du sieur Meyfrun qui a vendu le dit caffetan. A Alger, le vingt novembre mil sept cent cinquante-huit. (*Signature de :*) PÉROU.

N⁰ 87. — Assemblée de la Nation.

« Cejourd'huy vingt juillet 1759, nous, Théodore Groiselle, vicaire apostolique des royaumes d'Alger et de Tunis, Pierre Benezet Armeny agent de la Compagnie royale d'Affrique, Charles Hiacinthe Crest, Pierre Joseph Meifrund, négociants Français établis en cette echelle ; et Louis Michel Gimon aussi négociant et chancelier subrogé, soussignés ; en présence de monsieur Joseph Barthelemy Pérou, conseiller du Roy, consul de France en cette ville et royaume d'Alger, ayant apris l'accouchement de la femme de Cidy Hussein Caznagi de cette Régence, de son premier garçon, et que tous les consuls luy ont fait des présens pour luy marquer leur joye de cet évènement ; considérant que si nous ne suivions pas l'exemple des dits consuls dans cette occasion, cet officier qui est le plus autorisé dans la Régence, qui dans touttes les affaires qui sont survenuës, a paru beaucoup porté pour notre Nation, pourroit croire que c'est un mépris de notre part, et au lieu de notre ami qu'il paroit être, devenir notre ennemi, ce qui seroit un vray malheur pour la Nation, attendù l'ascendant qu'il a dans les affaires et la facilité de pouvoir prévenir le Dey, auprès duquel il est continuellement, considérant encore qu'il en a été usé de même en pareil cas envers les grands officiers ; avons estimé qu'il est du bien du service de faire un présent au dit Caznagi, et à ces fins avons délibéré que monsieur le Consul luy fera présenter un caffetan en or de 56 sequins barbaresques, par le drogman, au nom de la Nation ; le prix duquel sera payé des deniers de la chambre du Commerce de Marseille, etc.

N° 88. — Du 23 octobre 1759.

« Déclaration du capitaine Jean Blacar, de Cannes, commandant la tartanne Saint-Paul pris par une frégate anglaise et amené en cette ville. »

La gestion de M. Perou, qui n'avait jamais été fort paisible, fut brusquement interrompue en avril 1760, par une nouvelle violence du Dey. Voici dans quelles circonstances. Notre Consul fut dans le cas de réclamer coup sur coup plusieurs français qui se trouvaient embarqués sur des navires étrangers, capturés par des corsaires de la Régence. De pareilles réclamations déplaisaient toujours beaucoup aux pirates, auxquelles elles enlevaient une partie de leur gain. Le 1er avril 1760, une prise Espagnole, — le navire Nuestra Senora del Rosario, commandée par le capitaine Don Lorenzo Janones, entra dans le port d'Alger, et dans son équipage se trouvait un nommé Philippe de la Pierre, qui se réclama de notre Consul comme étant français et exhiba un passeport qu'il était parvenu à soustraire aux recherches des corsaires algériens. Bien que la nationalité de cet individu fut assez douteuse malgré le passeport dont il était nanti, M. Pérou fit de nombreuses démarches qui excitèrent la colère de l'irascible despote barbaresque. Malheureusement, les autorités Algériennes finirent par découvrir le rôle d'équipage de la prise Espagnole et reconnurent que l'esclave en litige y figurait, sous le nom de della Pedra, comme sujet Espagnol et comme premier pilote du navire. Accusé d'avoir réclamé comme Français un individu qu'il savait parfaitement être Espagnol et ce au moyen d'un faux passeport fabriqué pour les besoins de la cause, M Pérou, qui avait toujours été en mésintelligence avec les Algériens, reçut du Dey, exaspéré, l'ordre de quitter immédiatement Alger, avec menace d'y être contraint. Ne trouvant aucun moyen de conjurer l'orage, craignant d'être l'objet de quelque violence et redoutant surtout que la colère des Algériens ne s'étendit jusqu'à nos négociants, il crut devoir céder et partir pour France sur le navire du capitaine Jean Mathieu Doumergue (de Martigues), déléguant ses pouvoirs à M. Groiselle, vicaire apostolique, qu'il fit reconnaître comme intérimaire par le corps de la Nation.

Le procès-verbal ci-après donne de longs et intéressants détails sur cet incident.

N° 89. — Assemblée de la Nation.

« L'an mil sept cent soixante et le seize du mois d'avril, sur le mandement de monsieur le Consul, M. Groiselle, vicaire apostolique, et les sieurs Armeny Benezet, agent de la Compagnie royale d'Affrique, Charles Hiacinthe Crest, Pierre-Joseph Meifrund, négociants François établis en cette echelle, et les capitaines François Castaud, de Toulon, et Jean Mathieu Doumergue, du Martigues, ont été convoqués et assemblés, auxquels monsieur le Consul a dit, écrivant nous, Louis Michel Gimon, aussi négociaut et chancelier subrogé.

« Messieurs,

« Je vous assembla le quatre de ce mois pour vous faire part de l'ordre que le Dey de cette ville m'avait fait donner par le Ba-Chaoux, de plier bagage et de me retirer en France sur le premier bâtiment qui aura cette destination, sur le ridicule et frivole prétexte que je donnais des passeports à ses ennemis pour l'obliger de les mettre en liberté, en les suposant François, et cela parceque j'ay été dans le cas de luy demander coup sur coup la liberté de plusieurs François qui ont eû le malheur de se trouver sur des bâtiments pris par ses corsaires et notamment le nommé Philipe de la Pierre, natif de Saint-Jean de Luz au païs de Labour, selon le passeport de M. de Puyabri, consul général de France en Andalousie, résidant à Cadix, du trois du mois dernier, que je vous exhiba et que j'ay ensuite fait enregistrer et annexer dans les minutes de cette chancellerie, qui a été pris sur le vaisseau Espagnol Nostra Senora del Rosario, capitaine don Lorenzo Janones, amené en ce port le 1er de ce mois. Je vous exposa tout ce qui s'étoit passé en cette occasion ; vous l'avès ensuite apris du drogman et par la voix publique, et même quelques uns de vous de la propre bouche des principaux officiers du gouvernement, et il n'est pas indifférend de le rapeller icy pour justifier que la conduite que j'ay tennü n'a pas mérité un pareil traittement. Dès que le dit de la Pierre fut arrivé au Bagne, il me fit savoir par un mot de billet qu'il étoit François, passager sur le dit vaisseau pour aller à la Havane et de là à Saint-Domingue, et qu'il avoit son passeport. Sur cet avis, j'envoya le Drogman au palais pour voir si je pouvois agir dans l'instant ; mais comme c'étoit mardy ce jour là, que le Dey étoit un peu incommodé, et que tous les officiers du gouvernement étoient allés à leur campagne, je ne pûs rien faire que le soir au retour du Caznagi que je vis et qui me promit de faire délivrer le dit de la Pierre s'il était porteur d'un passeport, sans même que je fus obligé de parler au Dey. Je m'étois abstenu cependant de voir ledit de la Pierre afin qu'on ne me soupçonnat pas de luy avoir donné son passeport ainsy qu'on l'avoit feint en semblable occasion.

« Le second de ce mois, voyant que l'on ne me renvoyoit pas ce François et le Dey étant occupé toutte la matinée à faire la paye à la milice, j'envoya le drogman pour être instruit du moment qu'il me seroit possible de le voir. Ce Seigneur l'ayant aperçu luy demanda ce qu'il souhaitoit, et luy ayant répondu que je désirois luy parler pour un François qui se trouvoit sur la prise Espagnole, il s'emporta beaucoup contre moy, prétendant que j'étois un importun ; que je voulois envahir tous les esclaves sous le prétexte qu'ils sont François ; il ajouta que j'étois un démon, qu'il ne se pouvoit pas que je ne donnas icy des passeports aux Espagnols, n'étant pas possible selon luy qu'il y eut tant de François en Espagne. Le drogman luy dit que j'étois obligé par mon état de luy faire des remontrances dès qu'un esclave se disoit François ; mais il ne voulut pas l'écouter davantage et luy déffendit de m'introduire auprès de luy. Dans cet état, ne m'étant pas permis de voir le Dey, j'eus de nouveau recours au Caznagi, qui consentit de m'entendre. Il commença par me répéter tout ce que le Dey avoit dit au Drogman et notamment la suposition du passeport s'autorisant dans cette belle idée de ce que ledit de la Pierre n'avoit pas montré le sien ni au rays ni au Dey, lorsqu'il luy avoit été présenté, et de ce que le dit rays prétendoit l'avoir dépouillé jusque de la chemise sans luy avoir trouvé ce passeport. Je fis mon possible pour détruire la ridicule idée que j'eus donné le passeport audit de la Pierre et je crus m'apercevoir d'y avoir réussi, et que cet officier ne me faisoit tant d'objections qu'à cause de la présence de plusieurs personnes. Je le fis aussi convenir de la nécessité où j'étois d'importuner le Dey lorsque quelque esclave se disoit François ; et enfin je luy dis que je n'avois pas vû le dit de la Pierre ni son passeport ; mais que se disant François, passager et porteur d'un passeport, il étoit de la justice du Dey de l'entendre en ma présence, ainsi que le capitaine et les officiers du vaisseau Espagnol, afin que si tout ce qu'il disoit étoit vray, il fût mis en liberté, et qu'on pourroit aprendre de luy comment il avoit conservé son passeport. Le Caznagi me répondit assès sechement qu'il n'étoit pas nécessaire d'entendre cet esclave et que j'étois le maître de voir ledit de la Pierre si cela me fesoit plaisir ; sur cette permission je me rendis au port, je vis le gardien Bachy qui me dit que le capitaine Espagnol avoit assuré que ledit de la Pierre étoit François et passager. Il avoit dit la même chose à M. le vicaire et cela luy avoit été confirmé par le capitaine Janones et par plusieurs personnes de l'équipage. Je pria le gardien Bachy de me faire parler audit la Pierre. Cet officier m'a dit de luy même qu'il etoit bien que je ne le vis qu'en présence du Vékilargy de la marine, ce que j'aprouvas très-fort. Je me rendis à son bureau et un instant après le gardien Bachy y amena ledit de la Pierre. Je luy demanda devant tout le monde s'il étoit François, le lieu de sa naissance, le nom de son père et de sa mère ; s'il étoit véritablement passager ; où il comptoit aller et enfin s'il étoit vray qu'il y eut un passeport. Après avoir satisfait à touttes ces demandes et montré son passeport imprimé, je luy demandas encore comment il avoit pû le conserver ayant été mis nud par le raïs ; s'il s'étoit déclaré François au moment de la prise, pourquoy il n'avoit pas montré son passeport au raïs et ensuite au Dey, lorsqu'il luy avoit été présenté. Il répondit à ces questions qu'il avoit conservé son passeport en le cousant au dessous du genou d'un mauvais calçon qu'on luy avoit laissé ; qu'il avoit d'abord dit au raïs qu'il était François, qu'il n'avoit pas montré son passeport parce qu'il avoit aprehandé qu'il ne le suprimat, et qu'il ne l'avoit pas aussy montré au Dey, à qui il avoit dit qu'il étoit François, parce qu'il ne le luy avoit pas demandé ; comptant d'ailleurs qu'il ne devoit le remettre qu'à moy. Je fis ensuite voir le passeport au Vekilargy et je le pria de vouloir bien raporter au Dey tout ce que la Pierre m'avoit dit. Le lendemain, je fis encore prier le Dey de m'accorder audience ; il la refusa ; mais il me fit dire en même tems que je pouvois voir le Caznagy. J'y fus sur le champ et je luy montra le passeport du dit de la Pierre. Je luy fis observer qu'il étoit imprimé ; ce qui le mettoit hors de soupçon qu'il eut été donné icy, et je le pria instamment de vouloir bien le présenter au Dey afin d'efacer cette idée qui m'étoit si injurieuse. Non seulement cet officier refusa de se charger de cette commission, mais encore après avoir examiné le passeport, il soutint qu'il avoit été donné icy, parce que si de la Pierre l'avoit eu, il l'auroit montré au Raïs ou au Dey ; et dit, que faute par luy d'avoir pris cette précaution, le Dey vouloit le faire esclave. Je représentas à cet officier qu'il me paraissait que la peine seroit trop forte eu égard à la légereté de la faute ; que j'espérois que le Dey changeroit d'avis, surtout s'il vouloit avoir la bonté de luy faire observer que dès qu'il seroit bien vérifié que de la Pierre étoit François, il étoit de sa justice de le libérer, puisqu'il ne pouvoit pas le faire esclave sans contrevenir au traitté de paix. Cet officier me répondit avec un air impatient que ces sortes d'affaires étoient un peu trop fréquentes et qu'il ne se pouvoit pas qu'il y eut tant de François hors du royaume. A quoy je repliqua que j'étois plus fâché qu'eux-même de ce que pareilles affaires revenoient si souvent et je le pria de considérer et de le faire entendre au Dey, que dans ce temps de guerre, les François qui se trouvoient dans le cas de voyager étoient forcés de s'embarquer sur des bâtiments étrangers pour ne pas risquer d'être pris et dépouillés par nos ennemis. Cet officier en convint, mais il me dit en même tems que de la Pierre étoit pilote sur le vaisseau Espagnol. Bien que j'eus lieu de douter de la vérité de cette allégation eu égard à tout ce qui m'étoit revenû de la part du capitaine Janones, et de ce que le Caznagi s'avisoit si tard de le faire, je luy répondis que je ne le savois pas, que je m'en informerois et que je luy rendrois réponse ; Surquoy je pris congé de luy ; il me serra la main en le quittant de la façon la plus obligeante. Je fis ensuite apeller le dit de la Pierre qui m'assura de nouveau être passager ; mais que n'ayant pas le moyen de payer son passage, il étoit convenu avec le capitaine de donner ses soins à la conduite du bâtiment pendant la route, et ajouta que le dit capitaine l'avoit dit de même. Cela me fit beaucoup de la peine ; mais comme le Drogman m'avoit dit que le Dey avoit fait délivrer depuis quelque tems un Anglais qui se trouvoit dans le même cas, je me flata qu'avec un peu de patience je pourrois aussi obtenir la même faveur, et je me proposois de le faire entendre au Caznagi ; lorsque le Dey m'envoya le dit jour quatre de ce mois le Ba-Chaoux pour m'ordonner de partir. Je vous fis part encore, messieurs, de la réponse que j'avois faite ; que pour obéir à l'ordre du Dey, il étoit nécessaire que j'en informe Sa Majesté, ayant chargé le dit Chaoux de prier le Dey de vouloir bien me donner audiance pour luy faire entendre mes raisons ; et que quelques moments après, le dit Ba-Chaoux étoit revenu me dire de la part du Dey qu'il n'étoit pas nécessaire d'attendre ; qu'il m'ordonnoit de partir sur le premier batiment, et que je n'avois qu'à me préparer pour cela, ne voulant pas souffrir une personne capable de donner de faux passeports et occa-sionner des brouilleries. Je demanda votre avis sur la conduite que je devais tenir dans cette occasion. Vous convintes et je fus du même sentiment que le sujet pour lequel le Dey m'avoit fait donner cet ordre, étoit trop modique et le prétexte si frivole et si hors de toutte vraysemblance, qu'il y avoit lieu d'espérer qu'il le rétracteroit de luy-même, comme n'étant que l'effet d'un caprice passager, et que vû sa façon de penser, il étoit convenable de ne faire aucune démarche pour ne pas exciter davantage sa mauvaise humeur et l'engager par là d'en venir à de plus fortes violences.

« Nous avions raison de croire qu'il se repentiroit d'avoir été si vite ; la rémission qu'il me fit d'un Mahonois pris sur un bâteau de l'isle de Mayorque qui avoit un simple permis de M. de Grammont, comman-dant à Citadella pour passer en la dite isle, sans m'être donné autre mouvement que de l'en faire prier par le Drogman, nous confirma dans cette idée ; mais j'en avois de mon côté des assurances plus précises. Un officier du gouvernement qui m'a témoigné dans touttes les occasions assès de bienveillance et m'a rendu mille bons offices, me fit dire par un de ses parents, que je ne devois pas m'étonner de ce que le Dey m'avoit fait dire, qu'il espéroit non seulement de luy faire revoquer son ordre ; mais même de me faire rendre le chrétien qui y avoit donné lieu.

« J'étois dans cette attente lorsque j'appris le soir du neuf de ce mois qu'on avoit trouvé dans le vaisseau Espagnol le rolle des personnes qui y étoient embarquées. Que le dit de la Pierre y est passé premier pilote et y est dit Espagnol, né dans le diocèse de Saint-André en Biscaie ; qu'il s'y trouve aussi compris un de ses frères, énoncé de même Espagnol ; que le Vekilargi qui avoit témoigné beaucoup de joye de cette découverte, avoit fait apeller le dit de la Pierre et l'avoit bâtonné parce qu'il avoit persisté à dire qu'il étoit François et passager. Le dit la Pierre m'a soutenu la même chose et m'a ajouté qu'il avoit eté forcé de se dire Espagnol à Cadix, parce que sans celà il n'auroit pû passer dans les possessions Espagnoles. Il m'a ensuite avoué que son frère est né en Espagne et qu'il n'a jamais luy-même navigué qu'avec les Espagnols. Ce qui me fait croire que quand même il seroit véritablement né en France, il a renoncé depuis long-tems à la qualité de François.

« Cet évènement m'affligea beaucoup, tant à cause de l'avantage que je prévis que le Dey et ses officiers en tireroient pour autoriser leur indigne procédé à mon égard, que parce que à l'avenir il est à apréhander qu'ils ne rejettent tous les passeports des François qui auront le malheur d'être pris sur les bâtiments de leurs ennemis.

« Le lendemain matin, le Dey envoya chès moy le Grand Ecrivain des esclaves et le Ba-Chaoux pour me montrer le susdit rolle dans lequel je vis le dit la Pierre sous le nom de la Pedra, passé pour premier pilote et y est dit natif du diocèse de Saint-André. Le Ba-Chaoux me dit de la part du Dey que si on n'avait pas trouvé cette pièce, j'aurais beaucoup crié de ce qu'il faisoit les François esclaves ; que je l'aurois fait passer pour un injuste ; mais que Dieu avoit voulû justifier sa conduite et confondre mon imposture ; que ne pouvant plus douter que je n'eus donné le passeport à cet Espagnol, il me confirmoit l'ordre de me préparer pour partir par le premier batiment ; qu'il auroit le droit de me punir plus rigoureusement, mais qu'il se contentoit de ce châtiment.

« Je fis ensuite apeller le parent de l'officier qui m'avoit fait assurer de ses bons offices pour le faire instruire de touttes les circonstances de cette affaire, afin qu'il pût agir pour les faire entendre au Dey ; mais cet homme me dit que son parent ayant été extrêmement grondé par le Dey, ensuite de la découverte dudit rolle, et luy ayant été reproché par les autres officiers, qu'il m'avoit fait délivrer M. de la Tuellière, consul de Madère, bien qu'il n'eut point de passeport, ce

qui avoit selon eux, privé le Beylik d'une forte rançon, indépendamment de la délivrance d'un nombre de Turcs esclaves qu'on auroit pû
obtenir; il en étoit si mortifié qu'il ne vouloit plus se mesler de mes
affaires. J'ai apris d'ailleurs que les autres officiers du gouvernement,
bien que chacun en particulier témoigne être persuadé que je n'ay
pas donné le passeport en question, ne paroissent pas fâchés de mon
renvoy par la seule raison que je ne leur fis point de présent lors de
la délivrance du dit sieur de la Tueilliere; peut être que l'appat de
ceux qu'ils attendent de mon successeur y entre pour beaucoup; de
façon, messieurs, que je ne vois d'autre moyen pour engager le Dey
à révoquer son ordre, que celuy de tenter de faire des présens à tous
les grands officiers, mais indépendamment qu'il peut bien ne pas
réussir, il en couteroit considérablement et je pense qu'il ne remé-
dieroit à rien, et qu'à la première affaire qu'il me surviendroit, je
me trouverois dans le même cas, outre que ça seroit établir un fort
vilain usage, qu'on ne manqueroit pas de renouveller souvent pour
rendre le consul de France aussi tributaire que les autres, c'est ce
que je me suis aperçû que l'on désire beaucoup icy. Je soumets pour-
tant le tout à vos lumières, vous requérant de délibérer sur ce qu'il
convient de faire pour l'honneur et l'avantage de la nation. (*Signature de:*) PEROU.

« L'assemblée après avoir mûrement examiné tout ce que monsieur
le Consu l a exposé cy-dessus, considérant ce qu'il en couteroit pour
parvenir à faire revoquer l'ordre du Dey, l'indigne usage que l'on
établiroit par là, le peu de fruit qui en reviendroit, étant certain
qu'après un tel éclat, le Dey ne verroit plus de bon œil M. le Consul,
ce qui feroit qu'il ne pourroit plus poursuivre les affaires avec le
même zèle; et enfin que vû l'entêtement du Dey, et sa façon de penser, il est à apréhander qu'au lieu de se rendre aux sollicitations de
ses officiers, il ne se porte à de plus grandes violences et d'une affaire
particulière à M. le Consul, il ne la rende commune à la Nation qu'il
semble respecter malgré cette violence; d'autant que le Drogman a
apris que l'intention du Dey étoit d'en venir à de plus grandes violences envers M. le Consul et qu'il en avoit été empêché par ses officiers. Elle estime et délibère unanimement que pour le bien et l'avantage de la Nation, M. le Consul doit céder au tems et obéir à l'ordre
du Dey, sans faire de nouvelles démarches pour le faire révoquer,
ni la moindre résistance, et ont signé. — (*Signatures de:*) CREST;
MEIFRUND; THÉODORE GROISELLE, vicaire apostolique; BENEZET

Armeny ; Castaud ; Doumergue ; L. M. Gimon. chancelier subrogé.

« Et nous dit Consul adhérant au délibéré de la Nation dont nous
connaissons toutte la prudence, avons déterminé de partir pour France
sur le bâtiment du capitaine Doumergue, qui doit être le premier prêt
pour faire voile ; et étant nécessaire de pourvoir aux fonctions de
consul, nous en avons chargé le dit M. Groiselle, vicaire apostolique,
pour les remplir dès le jour de notre départ, jusqu'à ce que Sa Majesté en ait autrement ordonné ; enjoignant à tous les François de
l'Echelle et à ceux qui pourront y aborder de le reconnaître en cette
qualité et de luy obéir en tout ce qui concerne le service. Fait à
Alger, le dit jour et an. — (*Signature de :*) Perou.

« Et tout de suite le sieur Benezet Armeny, agent de la Compagnie
royale d'Affrique a représenté à l'assemblée ce qui suit en nous re-
querant de pourvoir au moyen de suivre autant que les circonstances
peuvent le permettre, les dispositions portées au sujet de la caisse
de la Compagnie par la lettre de M. de Massiac en datte du vingt-un
aoust mil sept cent cinquante-huit.

« Nous a exposé que la maison consulaire étant abandonnée, la
Caisse n'y put demeurer ainsy qu'il est porté par la ditte lettre ;
qu'en ce cas, il seroit naturel de la faire transporter à la maison de
M. le vicaire chargé des affaires du consulat, mais qu'il a cru devoir
rappeler les inconvénients de déposer en icelle cette caisse, attendû
le vol fait dans la ditte maison de sommes d'argent avec fraction, et
les violences exercées à main armée par certains esclaves ; a ajouté
que sans trop s'arretter aux exemples passés, l'abord journalier
d'environ douze à quinze cent esclaves, dont grande partie forçats
des galères de Naples ou déterrés (?) d'Oran, est seul un motif plus
que suffisant pour prévoir ce qui peut arriver, et l'authorise à demander que la caisse de la Compagnie soit transportée dans la
maison qu'il habite. A prié, autant qu'il a été en luy, M. le vicaire
apostolique de vouloir bien se charger de la clef de M. le consul ;
s'est expliqué ledit sieur agent entendre ne pas s'écarter des arrangements prescrits par M. de Massiac, jusques à ce que sur les représentations de la Compagnie et les siennes Monseigneur de Berryer
ait définitivement prononcé sur cette affaire, et a signé. — (*Signature de :*) Benezet Armeny.

« L'assemblée après avoir vû la lettre de M. de Massiac, cy-
devant dattée, considérant les inconvénients qu'il y auroit de lais-

ser la caisse de la Compagnie dans la maison consulaire où il ne restera que des esclaves après le départ de M. le Consul, et ceux raportés cy-dessus si on la portoit chez M. le vicaire, estime et délibère que ce n'est pas s'écarter des ordres du ministre dans cette circonstance que de faire porter la ditte caisse dans la maison de l'agent en tant que le dit sieur vicaire faisant les fonctions de consul et le sieur chancellier subrogé auront chacun une clef d'icelle jusqu'à ce qu'il ait été autrement dit et ordonné, et ont signé avec nous dit chancellier subrogé. — (*Signatures de :*) PÉROU ; CREST ; MEIFRUND ; THÉODORE GROISELLE, vicaire apostolique ; CASTAUD ; DOUMERGUE ; L. M. GIMON, chancellier subrogé.

Avant son départ, M. Pérou put encore faire allouer un cadeau au nouvel amiral de la Régence, comme le constate le procès-verbal ci-après.

N° 90. — Assemblée de la Nation pour un présent à faire au nouvel amiral.

« Aujourd'huy vingt-deux avril mil sept cent soixante, nous, Théodore Groiselle , vicaire apostolique des royaumes d'Alger et de Tunis, Pierre Benezet Armeny, agent de la Compagnie royale d'Afrique, Charles Hiacinthe Crest, Pierre Joseph Meifrund, négociants François établisen cette echelle, et Louis Michel Gimon, aussi négociant et chancelier subrogé, soussignés, en présence de monsieur Joseph Barthelemy Pérou, conseiller du roy, consul de France en cette ville et royaume d'Alger, ayant apris que le Dey vient de nommer amiral de cette Régence, Moustafa Raïs cy-devant capitaine d'une caravelle, il nous paroit indispensable de faire à ce nouvel officier un présent, suivant l'usage, attendu que par sa charge, il influë beaucoup sur les affaires de la Nation qui ont raport à la navigation et à ces fins nous avons unanimement délibéré que monsieur le Consul luy fera présenter par le Drogman, au nom de la Nation, un petit caffetan d'étoffe de Lion, du moindre prix qu'on pourra trouver, quatre pics de drap et 24 bouteilles de sirop ; le montant de laquelle dépense sera payée par le sieur Gimon, exerçant la chancelerie et l'agence de la chambre du Commerce, des deniers de la ditte chambre. Fait à Alger, le dit jour et an, etc. »

Il serait inexact de croire que les Anglais, qui nous disputaient alors comme aujourd'hui la suprématie politique et commerciale dans les contrées barbaresques, fussent à l'abri des tracasseries et des avanies qui nous étaient prodiguées. Ils avaient les mêmes luttes à soutenir, les mêmes exigences à combattre, les mêmes difficultés à surmonter. Connaissant la puissance de l'argent, surtout sur des gens aussi naïvement cupides que les Algériens, ils prodiguaient les cadeaux tout comme nous, et il ressort même de plusieurs des documents qui composent ce recueil, que souvent nos présents étaient motivés par la nécessité absolue de neutraliser les effets de la générosité d'habiles rivaux. Quant aux puissances Européennes dont la marine ne tenait qu'un rang secondaire, non-seulement elles se conformaient à l'usage général des présents, mais elles se soumettaient en outre au paiement d'un tribut annuel en numéraire ou en matériel.

Malgré les circonstances défavorables dans lesquelles il s'effectuait et bien que la nouvelle combinaison ne fût pas agréable au Dey, du moins s'il faut en croire M. Rang, l'intérim de M. Groiselle eut une assez longue durée et ne fut marqué par aucun événement important. Voici d'ailleurs les documents que m'a fournis la gestion de ce vicaire apostolique.

N° 91. — Assemblée de la Nation pour un présent au Dey.

« Cejourd'huy quinze novembre mil sept cent soixante, nous, Pierre Benezet Armeny, agent de la Compagnie royale d'Affrique, Charles Hiacinthe Crest, Pierre Joseph Meifrund, négocians François, établis dans cet échelle, et Louis Michel Gimon, aussi négociant et chancellier subrogé, soussignés, en présence de messire Théodore Groiselle, vicaire apostolique des royaumes d'Alger et de Tunis, faisant fonction de Consul de France en cette ville et royaume d'Alger ayant apris l'accouchement de la femme de S. E. le Dey d'Alger, d'un garçon et que tous les consuls luy ont fait des présents pour luy marquer la part qu'ils prennent à cet évènement. Considérant qu'il est question d'un premier-né ; que dans le cours de l'année dernière, la femme du Caznagi s'étant pareillement accouchée d'un garçon, il fut fait un présent ; qu'il seroit très-indécent de ne pas faire de même dans le cas présent, et que le Consul de France se distingua des autres consuls dans un tems où la Nation Françoise jouit icy de la plus grande paix et tranquillité, le Dey n'ayant encore rien refusé à M. Groiselle de ce qu'il luy a demandé, et qu'il est de la dernière importance de se maintenir dans une pareille position, avons estimé qu'il est essentiellement du bien du service de faire un présent au Dey et à ces fins, nous avons unanimement délibéré que M. Groiselle lui fera présenter par le Drogman au nom de la Nation un caffetan en or distingué du prix de 72 sequins barbaresques des deniers de la chambre du Commerce. (Suivent les signatures).

N° 92. — Assemblée de la Nation.

« L'an mil sept cent soixante-un et le jour cinquième du mois de mars, sur le mandement de messire Groiselle, vicaire apostolique des royaumes d'Alger et de Tunis, faisant fonction de consul de France en cette ville et royaume d'Alger ; les sieurs Pierre Benezet Armeny, agent de la Compagnie royale d'Affrique, Charles Hiacinthe Crest, et Pierre Joseph Meifrund, négocians François établis en cette echelle, ont été convoqués et assemblés, auxquels mondit sieur Groiselle a dit, écrivant nous, Louis Michel Gimon, aussi négociant François et chancellier subrogé.

« Messieurs,

« Je vous ay fait assembler pour délibérer sur la nécessité où se trouve la Nation de faire quelques présents que les circonstances rendent indispensables pour le bien commun.

« 1° Vous savès que le Dey députe Omar raïs, capitaine de port de cette Régence vers le Roy d'Angleterre pour régler et terminer diverses prétentions que les Algériens ont envers les Anglais, parmy lesquelles il a fait mention de plusieurs déprédations faites par les Corsaires de cette Nation sur des bâtiments François en divers ports de la côte d'Alger, desquelles il exige réparation de façon à espérer que sa demande sera écoutée à la Cour d'Angleterre. Il me parait que le député de la négociation de qui dépendra beaucoup la reüssite de sa mission, doit recevoir actüellement de la part de la Nation quelque politesse qui l'engage à la servir avec zèle et qui luy serve de préjugé de ce qu'il a à attendre d'elle dans le cas où il parviendra à obtenir justice de ses demandes ; de plus en nous conciliant par cette attention l'amitié de cet officier, nous pouvons espérer qu'il tiendra la parole qu'il a donnée de recommander au nouveau capitaine de port qui tiendra sa place, d'avoir pour la Nation Françoise toutte sorte d'égards, ce qui est d'une grande conséquence pour nous, puisqu'il peut, par sa place, faire beaucoup de bien et de mal.

« 2° Achmet raïs ayant été nommé pour remplacer Omar raïs dans le poste du capitaine de port, l'usage veut que la Nation luy fasse le présent accoutumé dont ont joui ses prédécesseurs.

« 3° Aly Cogea, drogman de la Nation, s'est donné beaucoup de peine et de soins auprès de la Régence au sujet de nos prétentions envers les Anglais et pour instruire le député Algérien de touttes les circonstances qui peuvent rendre nos demandes légitimes et nous faire espérer une bonne issuë ; il n'a pas moins montré de zèle dans touttes les autres affaires de la Nation qu'il a eu à traitter. Ce drogman a eu ces jours derniers un premier né : tous ces motifs et le besoin qu'a la Nation de contenter un homme par les mains de qui touttes les affaires passent, exigent quelque attention de sa part. Il me paraît donc de la dernière nécessité de faire un présent aux trois personnes cy-dessus citées ; c'est surquoy je vous prie de délibérer et de déterminer la valeur des dits présents. — *Signature de* : GROISELLE

« Surquoy les dits sieurs assemblés ont unanimement délibéré que pour le bien et l'avantage de la Nation, il est indispensable de présenter aux trois officiers cy-dessus des présents en drap, damas, toiles et autres effets pour la valeur de 45 sequins barbaresques, le montant de laquelle dépense sera payée par le sieur Gimon, exerçant la chancellerie et l'agence de la chambre du Commerce de Marseille, des deniers de cette chambre, etc. »

No 93. — Assemblée de la Nation.

« L'an mil sept cent soixante-un, et le jour quatrième du mois de juin ; sur le mandement de messire Groiselle, vicaire apostolique des royaumes d'Alger et de Tunis, faisant fonction de consul de France en cette ville et royaume d'Alger, les sieurs Pierre Benezet Armeny, agent de la Compagnie royale d'Affrique, Charles Hiacinthe Crest et Pierre Joseph Meifrund, négociants François établis en cette échelle, ont été convoqués et asssemblés, auxquels mondit sieur Groiselle a dit, écrivant, nous Louis Michel Gimon, aussi négociant François et chancellier subrogé.

« Messieurs,

« Je vous ay fait assembler pour vous dire que le Dey m'ayant témoigné et à tous les consuls Européens qui résident en cette ville, la satisfaction qu'il auroit si chacun de nous montroit de la reconnaissance envers le Grec qui a été employé pour conduire les eaux dans cette ville, ainsy que l'ont fait non seulement tous les Grands du Gouvernement, mais encore tous les employés et même les principaux marchands maures et juifs du pays, d'autant que c'est l'avantage du bien public, tant pour ceux qui habitent la ville d'Alger que pour les bâtiments Européens qui abordent en ce port. Les consuls des autres Nations n'ont point hésité à satisfaire le Dey, et ils ont envoyé au dit Grec chacun son présent. Il seroit indécent de ne point faire comme eux ; le Dey et tous les grands se formaliseraient de notre refus et la position avantageuse dans laquelle la Nation Françoise se trouve actuellement, exige ce petit sacrifice. Il s'agit donc, messieurs, de délibérer là-dessus et de déterminer en quoy doit consister le présent en question, et a signé. — *Signature de* : T. GROISELLE. »

« Surquoy les dits sieurs assemblés ont unanimement délibéré que le présent à faire est inévitable et qu'il doit consister en un caffetan de damas de huit pics et en un caffetan de drap de six pics, le tout de la valeur de quinze sequins barbaresques....... des deniers de la Chambre du commerce, etc. »

N° 94. — Assemblée de la Nation.

« L'an mil sept cent soixante-deux, et le jour vingtième du mois de mars, sur le mandement de messire Groiselle, vicaire apostolique des royaumes d'Alger et de Tunis, faisant fonction de Consul de France en cette ville et royaume d'Alger, les sieurs Pierre Benezet Armeny, agent de la Compagnie royale d'Affrique, Charles Hiacinthe Crest et Pierre Joseph Meifrund, négocians François établis en cette échelle ont été convoqués et assemblés auxquels mondit sieur Groiselle a dit, écrivant nous Louis Michel Gimon, aussi négociant François et chancelier subrogé.

« Messieurs,

« Vous avés été informés que le quinze du courant mois de mars, il est entré dans ce port une tartanne Algérienne armée en course, qui avoit dans son bord onze soldats de la garnison de Mahon, rencontrez dans un bateau par la ditte tartanne à peu de distance de l'isle de Minorque et amenéz icy. Ces onze personnes m'ont été rendües par le Dey et par le Caznagy de la meilleure grâce du monde ; c'est pourquoy il me paraît nécessaire de montrer de la reconnaissance envers les personnes essentielles qui m'ont servi dans cette affaire, ce qui les maintiendra dans les dispositions où elles ont été jusqu'à présent d'étre favorables envers la Nation. Il s'agit donc, messieurs, de délibérer sur la nature des présens à faire et sur les dépenses indispensables pour vétir ces gens-là qui sont presque nuds, et a signé. — *Signature de :* GROISELLE. »

« Surquoy les dits sieurs assemblez ont unanimement délibéré qu'il est très-à propos de faire quelques présens au Caznagy, au Vekilargy de la marine et à l'amiral, étant les trois personnes essentielles pour toutes les affaires qui surviennent dans ce pays qu'il est bon d'avoir pour favorables. Que ces présens doivent être de la valeur d'environ 80 sequins barbaresques en tout ; et que pour ce qui est des hardes nécessaires pour habiller les dits soldats, on ne sauroit se dispenser de faire cette dépense, puisque ces gens là manquent de tout ; touttes lesquelles dépenses seront payées par le sieur Gimon, exerçant la chancellerie et l'agence de la Chambre du Commerce, des deniers de la ditte chambre, etc. »

Nᵒ 95. — Assemblée de la Nation.

« L'an mil sept cent soixante-deux, et le jour dix-septième du mois d'avril, sur le mandement de messire Groiselle, etc. (1).

« Messieurs,

« Je vous ay fait assembler pour vous dire que le Dey ayant ordonné une réjouissance publique dans cette ville durant trois jours à l'occasion de la naissance du fils du G. S., il me paraît convenable de luy marquer la part que la Nation Françoise prend à cet événement par une illumination pendant les trois nuits de la fête, à l'exemple des consuls des autres nations Européennes et en envoyant dans les bagnes aux esclaves chrétiens de quoy manger pendant ces trois jours qu'ils restent renfermez, etc. — *Signature de:* Groiselle. »

« Surquoy les dits sieurs assemblez ont unanimement délibéré qu'il convient que la Nation Françoise qui jouit actuellement icy de la tranquilité la plus parfaite ne laisse échapper aucune occasion de marquer au Dey et aux Algériens la part qu'elle prend à tout ce qui peut les intéresser ; et que conséquemment la dépense qui se fera à l'occasion de la fête publique ordonnée par le Dey ne pourra que faire un très-bon effet dans le pays ; que cette dépense peut être fixée à 300 pataques qui seront payées des deniers de la Chambre du Commerce de Marseille, etc. — *Suivent les signatures de:* Pierre Benezet Armeny, Charles Hiacinthe Crest ; Pierre Joseph Meifrund ; L. M. Gimon. »

Nᵒ 96. — Assemblée de la Nation.

« L'an mil sept cent soixante-deux et le jour vingtième du mois de may, sur le mandement de messire Groiselle, etc. (2).

« Messieurs,

« Je vous ay fait assembler pour vous dire que Omar raïs, capitaine de port de cette Régence qui fut député l'année dernière par

---

(1) Le reste comme à la pièce précédente.

(2) Le reste, comme à l'avant-dernière pièce.

le Dey auprès du Roy d'Angleterre pour terminer les différends que la Régence d'Alger a avec la cour d'Angleterre, étant de retour depuis un mois et ayant été maintenu dans le poste de capitaine de port, il me paroit d'une nécessité indispensable de luy faire un présent à l'exemple des autres consuls. Les raports journaliers que la Nation se trouve avoir avec l'homme en question relativement aux bâtiments François qui viennent dans le port, font un motif suffisant pour mériter cette attention de notre part. Il y a de plus à observer que dans les affaires en discution qui surviennent dans ce pays, occasionnées par les corsaires d'Alger, à l'égard de nos bâtiments rencontréz en mer et amenéz icy soit par ignorance, soit par mauvaise volonté, soit enfin pour se trouver quelquefois abandonnéz par les équipages, le capitaine du port peut prévenir les esprits pour ou contre par l'impression du raport qu'il est chargé par sa place d'en faire chés le Dey et au bureau de la Marine ; c'est pourquoy il convient pour le bien des affaires de nous attacher cet officier par un présent honnette et de l'accompagner d'une assurance positive de notre part, de reconnaître dans l'occasion les services particuliers qu'il rendra à la Nation. Il s'agit donc, messieurs, de délibérer sur la nature du dit présent, et a signé. — *Signature de:* GROISELLE. »

« Surquoy les dits sieurs assembléz ont unanimement délibéré que le présent en question doit se faire au plutot puisqu'il est de conséquence pour la nation de mettre dans ses intérêts une personne qui, par sa place, peut faire beaucoup de bien et beaucoup de mal ; que ce présent doit consister en un petit caffetan broché, du prix de vingt sequins qui seront payéz par le sieur Gimon exerçant la chancellerie et l'agence de la Chambre du Commerce, des deniers de la ditte Chambre, et ils luy seront alloués. Fait à Alger, le dit jour et an, et ont signé. — *Signatures de:* BENEZET ARMENY ; CREST ; MEIFRUND ; L. M GIMON. »

N° **97.** — Assemblée.

« L'an mil sept cent soixante-deux, et le cinq du mois de juin, ayant midy, par mandement de monsieur Théodore Groiselle, etc.

« Messieurs,

« Je vous ay fait assembler pour vous exposer que la maison occupée depuis plus de 40 ans par les divers Consuls de France ayant besoin de réparations, étant absolument nécessaire de refaire les terrasses du grand salon et de la galerie qui tombent en ruine, j'ai signifié, comme vous le savés, à Ismaël Rays, de faire mettre la main

à l'œuvre, lui offrant de lui avancer la somme qui lui seroit nécessaire pour être déduite sur les loyers ; mais loin de gouter ma proposition, il s'est récrié sur la modicité de la rente de sa maison qu'il
s'est fait scrupule d'augmenter par égard pour ce qui a été fait anciennement, et il m'a signifié à son tour qu'il entendoit que les frais
de ces réparations fussent supportés par le Consul ainsi que l'avoient
été par M. Thomas, ceux d'une terrasse refaite de son tems ; qu'à
défaut, je n'avais qu'à lui remettre sa maison ruinée au service des
consuls de la Nation Françoise.

« Je vous prie de considérer, messieurs, qu'il est absolument nécessaire que le Consul de France ait en arrivant ici une maison pour
se loger, et que faute de celle-ci, il n'est point possible pour le
présent que le Consul qu'on attend incessamment soit logé décem-
ment, que quand même on en trouverait une convenable et semblable
à la maison consulaire, il s'agirait d'un loyer de 60 ou 70 sequins au
lieu de 100 piastres et de cinq pics de drap qu'il en coute annuellement, que les maisons des autres consuls leur coutent plus du double
tous les ans.

« Ces considérations, messieurs, m'ont déterminé à entrer en ac-
commodement avec Ismaël Rays, et je l'ai amenné à se contenter de
40 sequins et au moyen de cette somme qui ne suffit pas pour l'ouvrage dont il s'agit, il s'est chargé de mettre la maison en état d'être
habitée. Mais il n'est pas juste que je supporte une dépense telle
que celle-là, attendu 1o que je ne suis pas consul et que je n'en fais
les fonctions que par intérim, jouissant seulement des deux tiers des
appointemens ; 2o que M. Vallière a été nommé au consulat il y a
plus de six mois, et que suivant les dernières dépêches du ministre,
on l'attendait incessamment à Marseille pour être envoyé au plutot à
Alger où il habitera la maison qui cause l'objet de la dépense en
question ; et qu'on mon particulier, considéré même comme faisant
fonctions de consul, je n'ai pas besoin de la susdite maison que je
n'habite pas, que je ne l'ai gardée et n'en ai payé le loyer que par
égard pour le Consul qui devait être nommé à ce consulat afin qu'il
eut en arrivant une maison décente et convenable, etc. — *Signature
de* : GROISELLE. »

La dite assemblée, composée de MM. Meifrund, Louis Michel Gimon,
Gimon fils, Crest, et Benezet Armeny, chancelier, a mis cette dépense
à la charge de la Chambre du Commerce, sauf remboursement sur
les appointements du Consul. (*Note de l'auteur*).

N° 98. — Assemblée au sujet d'un présent à faire au nouveau capitaine du port.

« L'an mil sept cent soixante-deux et le huitième jour du mois de juin, par mandement de M. Groiselle, vicaire apostolique, faisant fonction de Consul de France en cette ville et royaume d'Alger, tous les négocians, etc.

« Messieurs,

« Je vous ay fait assembler pour que vous délibériés sur ce qu'il convient de donner à Amet Rays qui vient d'être instalé au poste de capitaine du port de cette Régence au lieu et place de Omar Rays, que le Dey a destitué. Vous connaissés ce qu'il est d'usage de faire dans ces occasions, vous savés ce qui lui fut donné lorsque Omar Rays fut envoyé ambassadeur à Londres et qu'Amet fut nommé pour faire pour lui *in interim*. Il s'agit de fixer en quoi doit consister la donative qui doit lui être faite aujourd'hui et a signé. — *Signature de* : T. GROISELLE. »

« Surquoi les dits sieurs assemblés ont unanimement délibéré de faire au nouveau capitaine du port un présent composé de quatre pics drap et huit pics damas, et ont signé. — *Signatures de :* CREST ; L. M. GIMON ; MEIFRUND ; GIMON FILS ; BENEZET ARMENY, chancelier. »

N° 99. — Assemblée au sujet de l'arrivée des deux vaisseaux de Sa Majesté l'Altier commandé par M. de Prochemore, et le Fantasque, par M. de Cabanor, mouillés en rade le 6 aoust avant midi.

« L'an mil sept cent soixante-deux, et le douze aoust avant midi, par mandement de M. Théodore Groiselle, vicaire apostolique, faisant fonction de Consul de France en cette ville et royaume d'Alger, tous les sieurs négocians François résidans en cette Échelle, ont été convoqués et assemblés, auxquels mon dit sieur Groiselle a dit écrivant le sieur Pierre Benezet Armeny, chancelier de ce consulat.

« Messieurs,

« De toutes les assemblées qui se sont tenues depuis long-tems, il n'y en a pas ce me semble de plus importante, ni de plus nécessaire que celle qu'il convient de faire aujourd'hui. Les vaisseaux du Roy ont si peu fréquenté ce pays depuis que j'y réside, que j'ai un extrême besoin de vos lumières pour savoir ce qu'il convient de faire à l'occasion de l'arrivée de l'Altier et du Fantasque qui sont venus relacher dans cette rade pour y faire toute leur eau et du lest. M. de Prochemore, commandant du premier, a été chargé de la part du Roy de remercier le Dey de la reddition des onze soldats déserteurs du corps des fusiliers de montagne en garnison à Mahon, comme aussi de l'assurer que ce n'est qu'en sa considération que ces malheureux ont obtenu la grace de leur crime de désertion. Le Dey a été si flaté de cette attention de la part de Sa Majesté, qu'il l'a témoigné d'une manière assés éclatante par la façon gracieuse avec laquelle il a reçu M. le commandant. Il lui a dit mille paroles obligeantes ; il lui a rendu dès la première audience deux pêcheurs de Colioure, détenus ici depuis deux mois sous prétexte qu'ils étoient Catalans. Outre les présens ordinaire en rafraichissemens que la Régence est en usage de faire aux vaisseaux de Roy qui mouilent ici, le Dey, en son particulier, en a envoyé par deux fois à M. de Prochemore pour lui donner des marques de son estime et de son amitié. Il lui a fait ouvrir les magasins de la Marine pour y prendre les pièces de bois et le fer nécessaires au Fantasque. Il a défendu aux officiers d'en recevoir le payement, et a témoigné être fâché qu'on n'eut pas disposé de choses de plus grande conséquence. Voilà ce me semble des motifs plus que suffisans pour nous engager à témoigner notre reconnaissance au Dey et à ceux des officiers qui approchent le plus près de sa personne. Mais ce n'est point tout, nous avons à contenter plusieurs autres officiers de la Régence dont nous avons absolument besoin dans les circonstances présentes.

« Vous n'ignorés pas, messieurs, quel est le privilége honorable attaché au pavillon de Sa Majesté ; vous savés qu'à l'exclusion de toutes les autres nations qui sont en paix avec cette Régence, il afranchit de l'esclavage, tous ceux des captifs qui ont assès de force, de courage et d'industrie pour venir à bord des vaisseaux du Roy. Ce privilége, néanmoins, aussi ancien que notre traité avec Alger, et si favorable à l'humanité, est aujourd'hui attaqué par des émeutes populaires occasionnées par la fuite de plusieurs esclaves saisis à la nage, et par des voies souteraines de quelques personnes en place, qui ne les considérant qu'avec un œil de jalousie, animent et fomentent l'inquiétude de plusieurs propriétaires d'esclaves et excitent les officiers de la Régence à l'abolir, par des discours pleins de malice et une affectation marquée à tenir les esclaves qui les servent enchainés dans leurs maisons depuis le jour de l'arrivée des vaisseaux de Sa Majesté. Combien de paroles désagréables n'avés vous pas entendu dire à ce sujet, avec quelle fermeté ne me suis-je pas présenté à la maison du Dey pour soutenir ce privilége si distingué de notre Nation.

Quelles douceurs et condescendances n'ai-je pas eu, quelles promesses n'ai-je pas été obligé de faire pour apaiser les plus animés d'entre les officiers de la Régence et pour rompre les manœuvres secrètes des personnes les plus opposées au maintien de ce privilége. Il s'agit de reconnaître maintenant ceux qui nous ont servi dans cette occasion.

« Les vaisseaux du Roy ayant besoin de faire toute leur eau et du lest, les officiers et matelots de se refaire d'une croisière d'environ trois mois, surtout de faire blanchir leur linge pour entretenir la propreté dans le bord et éviter par là les maladies, messieurs les commandans se trouvant dans la nécessité de faire des provisions au moins pour leurs tables, combien de personnes n'avons nous pas à ménager pour que tout s'exécute avec facilité et promptitude.

« Vous êtes témoins, messieurs, des peines et fatigues que prennent les divers officiers de la Régence employés à cette sorte de besogne, quel zèle, quelle activité de leur part ! Nous en voyons quelques-uns se prêter avec la meilleure volonté à un service pénible et violent ; il y en a qui ne quitent pas leur poste depuis le matin jusques au soir, d'autres qui ne vont pas même dans leurs maisons et se privent de passer la nuit dans le sein de leurs familles pour ne pas abandonner le service des chaloupes qui font jusques à quatre voyage par jour à chaque bâtiment.

« Quelle satisfaction pour nous de voir que tout se passe dans l'ordre, et que dans un si grand nombre d'officiers, soldats et matelots François qui viennent continuellement à terre, il n'y a eu jusques à ce jour la moindre plainte ni de leur part, ni de celle des Turcs ; il ne peut qu'être bien agréable et bien honorable à la Nation de se voir aussi libre et peu gênée dans un pays regardé comme le plus dificile de tous, qu'elle le seroit dans le sien propre. Je ne vous dissimule pas, messieurs, que ce bon ordre ne s'observe que parce que j'ai insinué doucement aux chefs de cette Régence, que je serois reconnaissant à leur égard, et ce n'est qu'en les satisfaisant dans cette occasion que nous nous assurerons dans d'autres, même bonne volonté, même amitié, mêmes services et activité de leur part. Il est certain que nous ne remplirions pas les vues de Sa Majesté si nous demeurions en arrière vis-à-vis d'étrangers qui nous servent avec autant de zèle.

« Je ne vous parle point ici, messieurs, des avoides ou argents acquis et gagnés par l'usage au chef de l'artillerie, au capitaine du port, aux bas officiers et matelots de la Marine, au drogman et censal de la Nation, parce que ces gratifications qui leur sont accordées à l'arrivée de bâtimens de Roy sont regardées comme légitimement dues, M. de Clevelan lui-même, commandant d'un bâtiment Anglais, dit le Wanzor, après avoir fait des présens généraux, n'a pu se soustraire à ces avoides.

« Certaines nations payent tant pour un vaisseau, le double pour deux, ainsi du reste ; nous prendrons la-dessus un juste milieu.

« C'est sur ce que je vous expose, messieurs, que je vous prie de délibérer et voir ce qu'il convient de donner au Dey, au Caznagi, au Vekilargi, à l'amiral, au premier Douanier, qui a librement laissé passer à la porte de la Marine l'aprovisionnement des deux vaisseaux et ce qu'il plait à un chacun d'embarquer, aux fontaniers l'un Turc et l'autre Grec qui pourroient inventer quelques moyens pour arrêter l'eau si nécessaire aux vaisseaux du Roy, au gardien Bachi et drogman du Dey qui nous rendent journellement mille services ; je vous prie, dans votre délibération, de ménager également l'intérêt de l'Etat et l'honneur de la Nation, et a signé. — *Signature de*: GROISELLE.

« Surquoi messieurs les négociants assemblés ont unanimement délibéré qu'il sera fait tant pour le payement des avoides que pour les présens au Dey et aux officiers sus-nommés, la dépense qui sera nécessaire ; que la bagatelle qui sera donnée au Dey, et pourra néaumoins lui être agréable, lui sera présentée par le drogman de la Nation de la part de M. de Prochemore, commandant ; que les présents destinés aux autres officiers, seront envoyés par M. le vicaire, faisant fonctions de Consul et travaillant pour le bien et l'honneur du service du Roy ; qu'il accompagnera les dits présens de sirop et liqueurs qui seront achetées à cette fin, la chambre du Commerce n'en ayant plus ; qu'il sera dressé un état général de touttes les dépenses faites à l'occasion des deux vaisseaux, où il sera fait mention des divers mandats qui seront tirés par M. Groiselle, sur le sieur Armeny, chancelier de ce consulat, ayant l'administration des deniers du Commerce pour qu'il soit pourvu à son remboursement, et estime la Nation que ce seroit manquer le plus essentiellement au service de Sa Majesté et à l'honneur du nom François que de rester en arrière sur la moindre chose, et que c'est préparer en agissant de la sorte, aux vaisseaux du Roy qui pourront relacher par la suite dans ce pays tous les secours dont ils pourront avoir besoin.

Et ont signé. — *Signatures de :* L. M. GIMON ; MEIFRUND ; CREST ; GIMON FILS ; BENEZET ARMÉNY, chancellier.

N° 100. — Assemblée tenue au sujet du changement d'amiral de la Régence.

« L'an 1762, et le 2e du mois de novembre, par mandement de M. Groiselle, vicaire apostolique, faisant fonction de consul en cette ville et royaume d'Alger, tous les sieurs négocians, etc.

« Messieurs,

« Vous savés que le Dey vient de remercier Moustapha, amiral de la Régence, et qu'il l'a remplacé par Cherif Rays ; l'usage étant établi de faire un présent au moment de leur installation à ceux qui sont élevés aux premières places de la Régence, je vous prie de déterminer ce que vous jugerés à propos que j'envoye au nom de la Nation au nouvel amiral, et a signé, — *Signature de :* T. GROISELLE. »

(Une délibération signée par L. M. Gimon, Crest, Meifrund et Benezet Armény, chancelier, accorde quatre pics 1/4 de beau drap, huit pics de damas et du sirop. *Note de l'auteur*).

N° 101. — Assemblée tenue au sujet d'un présent aux fontaniers.

« L'an 1762, et le 17 du mois de novembre, par mandement de M. Groiselle, etc.

« Messieurs,

« Le Dey m'ayant fait témoigner comme à tous les consuls qui résident en cette ville, ainsi qu'il le fit en juin de l'année dernière, la satisfaction qu'il auroit si nous faisions un présent aux fontaniers qui, après avoir fourni d'eau le bas de la ville, viennent d'en pourvoir abondamment le haut, je vous ai fait assembler pour que vous délibériés en quoi doit consister la donative nécessaire en cette occasion, et a signé. — *Signature de :* T. GROISELLE.

(Une délibération signée par L. M. Gimon, Crest et Meifrund, accorde sur les fonds de la chambre du Commerce de Marseille, 4 pics de drap et 8 pics de damas ordinaire. *Note de l'auteur*).

La bonne harmonie qui avait régné jusqu'alors entre M. Groiselle et le Dey, fut brusquement interrompue en décembre 1762, par une nouvelle algarade de ce dernier. Sommés d'avoir à payer sur le champ une forte somme pour une affaire qui avait déjà été l'objet d'un premier arrangement déclaré définitif, et menacés en cas de refus d'être chassés d'Alger, sans obtenir le moindre délai pour sauvegarder leurs intérêts commerciaux, nos négocians durent se résigner et subir la loi du despote barbaresque. Le document ci-après met au jour cet incident qui est passé sous silence dans les publications que je connais, et donne de curieux détails sur la manière dont les Algériens entendaient les relations internationales.

N° 102. — Assemblée tenue sur l'affaire de Simon Bara, Génois.

« L'an mil sept cent soixante-deux, et le onze du mois de décembre, par mandement de M. Groiselle, vicaire apostolique, faisant fonction de consul en cette ville et Royaume d'Alger, tous les sieurs négociants François établis en cette echelle, ont été convoqués et assemblés auxquels (écrivant le sieur Benezet Armeny, chancelier du Consulat), mon dit sieur Groiselle a dit :

« Messieurs,

« Je vous ai fait assembler pour vous apprendre que le Dey m'ayant fait appeller par un Chaoux, je me suis présenté devant lui. Après lui avoir annoncé l'arrivée de la Tartane expédiée par le Commerce avec la nouvelle de la paix et m'être entretenu d'autres affaires, Son Excellence m'a ordonné de payer à Simon Bara, treize cens trente-deux sequins d'Alger pour le tort qu'il disoit lui avoir été fait à Mahon par la vente d'un chargement de bled à lui appartenant, ordonnée par sentence de l'amirauté du dit lieu.

« Surpris de cet ordre du Dey, je lui ai rappellé le payement de quinze cens sequins Venitiens par moi fait à deux Turcs qui les avaient confiés au dit Bara, et que nos accords, lorsque j'avois procédé à ce payement, avoient été que quelque sort qu'eut l'affaire de cet aventurier, les deux Turcs étant satisfaits, il n'en seroit jamais question. J'ai ajouté, que nonobstant cela, au dernier voyage qu'il avoit fait ici, Son Excellence ayant cédé à ses instances, avoit ordonné que tous les consuls et quelques Turs, au fait des affaires assemblés, entendraient le dit Bara dans ses demandes, et qu'il avoit été jugé unanimement que cet homme n'avoit rien à prétendre ici, et que c'étoit en chretienté qu'il devoit aller exposer ses prétentions. Que d'ailleurs cette affaire étant poussée encore à Paris par l'Envoyé de Gênes, nous ne savions s'il n'obtiendroit pas le dédommagement en question.

« Le Dey, au lieu de se rendre, a insisté sur le payement, disant que Bara, muni de son passeport, n'avoit du souffrir aucun tort ni domage. En vain lui ai-je répondu que son passeport exemptoit ce Génois d'être pris par les corsaires de la Régence sans le naturaliser Algérien. Enfin, le Dey appuyant toujours sur ce payemeut, je l'ai

assuré que je ne payerais pas, que mes ordres étoient de ne rien entendre sur cette affaire, et je me suis retiré.

« A peine ai-je été de retour chez moi, qu'un Chaoux est venu y
chercher le drogman de la part du Dey. Quelques uns de vous l'ont
vu revenir et me signifier que le Dey vouloit que nous payassions à
l'instant ou que nous nous embarquassions tous pour France sur le
bâtiment qui en venoit.

« Je vous prie, messieurs, de délibérer sur le parti que nous avons
à prendre, et a signé. — *Signature de :* T. GROISELLE.

« Sur quoi messieurs les négocians assemblés ont unanimement
délibéré que M. Groiselle remetroit au drogman la lettre du ministre qui lui deffend de rien entendre aux prétentions de Bara ; que
le dit drogman diroit au Dey que M. le vicaire ne pouvoit absolument
payer, et que puisqu'il s'agissait de payer ou de partir, il lui repré-
senteroit que la Nation avoit ici des engagements d'intérêts qui ne
pouvoient finir pour le présent, et qu'il demanderoit à Son Excellence comment elle devoit se comporter à ce sujet, et ont signé après
avoir fait appeller le drogman, lui avoir ordonné ce que dessus et
signifié que l'assemblée attendoit la réponse du Dey. — *Signatures
de* · L. M. GIMON. CREST, MEIFRUND, T. GROISELLE.

« Et en exécution de ce que dessus le drogman, de retour, a dit
à l'assemblée que s'étant transporté chez le Dey et ne l'ayant plus
trouvé à sa place d'audience, la Caznagi la tenant pour lui, il lui
avoit demandé de voir le Dey, ce que le Caznagi lui avoit refusé, et
ordonné de parler.

« Qu'ayant pour lors exhibé au dit Caznagi la lettre du Ministre
autorisant le refus de M. le vicaire, il lui avoit répondu que le Dey
ayant parlé, il falloit qu'il fut obéi ; que toute résistance étoit inutile,
et que par raport aux créances de la Nation, chacun avant de s'embarquer, n'avoit qu'à remettre l'état de ses affaires au juif Bussara,
dit Akibet, qui liquideroit le tout, qu'enfin il falloit ou partir ou
payer.

« Sur quoi M. le vicaire ayant ordonné au drogman de se retirer,
a délibéré avec messieurs les négociants assemblés, qu'il convenoit
de députer au Dey et au Caznagi, messieurs Gimon et Meifrund,
négociants, et Armeny, chancelier, pour leur représenter l'excès auquel ils se portoient et au moins tâcher de gagner du tems. Et ont
signé. — *Signatures de :* T. GROISELLE, L. M. GIMON, CREST. »

« Et messieurs Gimon, Meifrund et Armeny, de retour dans l'assemblée, ont exposé que s'étant portés chez le Dey, ils n'ont pu avoir audience que du Caznagi, que tout ce qu'ils ont pu dire et représenter a été inutile et que son mot étoit qu'il falloit à l'instant les treize cens trente-deux sequins demandés pour Bara ou partir sans autres délais, ajoutant qu'il attendoit notre résolution.

« Sur quoi les dits sieurs assemblés ont unanimement délibéré que n'ayant plus de résistance à faire, ils auraient tout à se reprocher, si sans y être autorisés, ils préféraient le risque d'une rupture au payement de la somme demandée, de laquelle prise des fonds de la chambre du Commerce, M. Groiselle fournira son mandat au sieur Armeny, chancelier, chargé de l'administration des deniers de la dite chambre du Commerce, pour qu'au moyen de cette décharge, il soit pourvu à son remboursement et (après avoir ordonné au drogman d'aller dire au Dey ou au Caznagy que lundi prochain, la susditte somme seroit portée au Dey pour en disposer à son gré, ce qui a été accepté par le Caznagi), ont signé les jour et an susdits. — *Signatures de:* T. GROISELLE, L. M. GIMON, MEIFRUND, CREST, BENEZET ARMENY, chancelier.

Après cet orage, nos nationaux jouirent d'un peu de calme et les pièces qui font suite à la précédente, ne sont relatives qu'à des présents. Voici les principales.

N° 103. — Assemblée tenüe au sujet d'un présent à Agi Mehemet, ancien Vekilargy de la Marine.

« L'an mil sept cent soixante-trois, et le quatre du mois de janvier, par mandement de M. Groiselle, vicaire apostolique, faisant fonctions de consul en cette ville et royaume d'Alger, tous les sieurs négociants François établis en cette echelle, ont été convoqués et assemblés auxquels (écrivant le sieur Pierre Benezet Armeny, chancelier du consulat), mon dit sieur Groiselle a dit :

« Messieurs,

« Vous savès ce qu'est à la Régence et aux affaires en général, Agi Méhémet, ancien Vekilargy de la Marine, ci-devant envoyé par le Dey au Grand-Seigneur, pour le féliciter de sa part à son avènement au trône ; le voici de retour d'une seconde mission dans laquelle il a eu à traiter des affaires plus difficiles et le succès de sa négociation augmenterait s'il étoit possible, son ancien crédit ici et l'amitié particulière du Dey pour lui.

« La nation, toujours attentive à faire ce que le bien du service a exigé d'elle, n'a point négligé comme il conste par sa délibération du 20 novembre 1758, de faire un présent à Agi Mehemet, alors de retour de son premier voyage à Constantinople, et il me paroit qu'elle ne peut moins faire aujourd'hui que ce qu'elle fit alors, les motifs qui la déterminèrent dans ce tems, subsistent aujourd'hui, s'écarter du parti qui fut jugé nécessaire, seroit désavouer une conduite sage et réfléchie, et manquer à un homme essentiel dont les bonnes dispositions à notre égard ne peuvent qu'influer en bien sur les affaires journalières que nous avons à traitter.

« Les consuls des autres Nations cherchent à l'envi à se distinguer dans cette occasion par la valeur de leurs donatives, sans faire autant qu'eux, nous devons nous contenter de donner à un homme qui le mérite, un témoignage honnête d'attention et d'amitié. Je vous prie, messieurs, de délibérer en quoi doit consister ce que vous jugès bon qui lui soit présentez à tels titres au nom de la Nation. Et a signé. — *Signature de*: T. GROISELLE. »

« Sur quoi les dits sieurs négociants assemblés ont unanimement délibéré qu'il sera présenté au nom de la Nation à Agi Mehemet un cafetan très-riche de même valeur si cela se peut que celui qui lui fut envoyé ensuite de la délibération du 20 novembre 1758..... des fonds de la chambre du Commerce de Marseille, etc. — *Signatures* : MEIFRUND., L. M. GIMON, CREST, BENEZET ARMENY, chancelier.

No 104. — Assemblée au sujet d'un présent au nouveau capitaine du port.

« L'an 1763 et le 21 du mois de février, etc.

« Messieurs,

« Amet Rays, capitaine du port, malade depuis longtemps, vient d'être remercié par le Dey qui a mis en sa place Barba Negra ; nous ne pouvons nous écarter de ce que l'usage a établi, c'est-à-dire de lui faire le même présent qui a été fait à ses prédécesseurs pour raison de leur instalation ; je vous prie de fixer là-dessus ce que vous jugerés bon être. Et a signé. — *Signature de*: T. GROISELLE. »

(Une délibération signée de L. M. Gimon, Crest et Meifrund, accorde sur les fonds de la chambre du Commerce de Marseille, 4 pics de drap et 8 pics de damas).

N° 105. — Assemblée au sujet d'un présent à Sidi Ibrahim, frère du Dey, nommé Aga.

« L'an 1763, et le 25 du mois de février, par mandement, etc.

« Messieurs,

« Le Dey vient d'élever Sidi Ibrahim, son frère, à la dignité d'Aga, vacante par le départ de Cherif, qu'il a fait Bey de Titeri. S'il fut jugé nécessaire par assemblée de la Nation du 13 décembre 1754, de faire un présent au dit Cherif pour son instalation à cette troisième dignité de la Régence, a combien plus forte raison, sommes-nous obligés aujourd'hui de témoigner par une donative au propre frère du Dey, la part que nous prenons à son élévation. Je vous prie de délibérer sur ce qu'il convient de lui faire présenter par le drogman au nom de la Nation. Et a signé. — *Signature de :* T. GROISELLE. »

« Surquoi les dits sieurs assemblés ont unanimement délibéré qu'il convient d'envoyer au frère du Dey, nouvel Aga, un cafetan étofe d'or, de la valeur de 45 sequins, laquelle dépense sera payée des fonds de la chambre du Commerce. Et ont signé l'an et jour susdits. — *Signatures de :* L. GIMON, CREST, MEIFRUND, BENEZET ARMENY, chancelier.

N° 106. — Assemblée.

« L'an 1763, et le 5ᵉ du mois de mars, par mandement, etc.

« Messieurs,

« Mahamet Cogea Vekilargi de la Marine, venant d'être remplacé par Sidi Assan Cazanadar du Dey, l'usage anciennement établi à chaque changement de ce premier officier de la Marine, nous met dans la nécessité de lui faire un présent ; je vous prie de délibérer sur ce qu'il convient de faire présenter à ce nouveau Vekilargi de la Nation. Et a signé. *Signature de :* T. GROISELLE. »

(Une délibération signée : Crest, Meifrund, Gimon fils et Benezet Armeny, chancelier, accorde sur les fonds de la chambre du Commerce de Marseille, un caffetan d'étoffe d'or et un caffetan de drap surfin).

IX.

Le Consul attendu depuis si longtemps à Alger, y arriva enfin en mai 1763. Les registres du Consulat me fournissent la note suivante à ce sujet :

N° 107.

« Provisions de Consul de France en cette ville et royaume d'Alger pour le sieur Jean-Antoine Vallière, vice-consul d'Alexandrie (d'Egypte), signées à Versailles le 12 avril 1762, enregistrées à Alger le 28 mai 1763, à la réquisition du dit. »

M. Vallière fut bien accueilli par les Algériens, mais un événement fâcheux vint marquer les débuts de sa gestion. Il s'agissait encore une fois d'un capitaine français qui, croyant avoir affaire à un Saletin, s'était battu contre un corsaire Algérien, et avait été pris et amené à Alger, où il avait reçu la bastonnade.

Cet incident était arrangé lorsqu'un nouvel événement de la même nature vint exaspérer les Algériens en septembre 1763. Notre Consul, le vicaire apostolique, le chancelier, les missionnaires, les équipages de quatre navires provençaux qui étaient dans le port, et plusieurs autres personnes au nombre de 53 individus en tout, furent jetés dans les fers et employés aux travaux publics, exposés sans cesse aux insultes de la populace qui se réjouissait de leur misère et de leur humiliation. Ce ne fut qu'au bout de plus d'un mois que M. Vallière obtint sa mise en liberté à force de présents.

C'est vers cette époque que fut rédigé le procès-verbal suivant, qui ne fait, cependant, qu'indiquer très-sommairement ces graves événements.

N° 108. — Assemblée tenue au sujet d'un présent au nouveau Cazanagy.

« L'an mil sept cent soixante trois, et le douze octobre avant midi, par mandement de M. Jean-Antoine Vallière, conseiller du Roy, consul de France en cette ville et royaume d'Alger ; messire la Pie de Seivigny, provicaire apostolique, tous les sieurs négociants François résidans en cette echelle, ont été convoqués et assemblés, auxquels,

ecrivant le sieur Benezet Armeny, chancelier du consulat, mon dit
sieur le consul a dit :

« Messieurs,

« L'écrivain de la porte de la maison du Dey vient d'être nommé
Cazanagy à la place de Ussein, que le Dey a fait étrangler. L'usage
étant de faire un présent à ce premier officier de la Régence, c'est
à vous de délibérer sur la nature de cette donnative. Ne perdès pas
de vue l'économie qui vous a été si souvent recommandée, et tachès
cependant de la concilier avec l'importance dont il est de nous rendre
cet officier favorable, surtout dans la position critique où nous nous
trouvons depuis quelque tems vis-à-vis ce gouvernement. Vous n'i-
gnorés pas tout ce qu'on peut se promere d'un Cazanagi quand il
est bien intentionné. Et a signé. — *Signature de* : VALLIÈRE. »

« Surquoi les dits sieurs assemblés ont unanimement délibéré qu'il
convient d'envoyer au nouveau Cazanagi un cafetan étofe d'or riche
et huit pics drap surfin, laquelle dépense sera payée des fonds du
Commerce. Et ont signé. — *Signature de*: LA PIE DE SEIVIGNY ;
GIMON ; MEIFRUND ; CREST ; BENEZET ARMENY, chancelier. »

Le Dey pensant que les violences commises par ses ordres allaient
amener la guerre, fit arrêter tous les Français établis à Bône et à
la Calle. Il ne voulut pas permettre à M. Vallière de repasser en
France ainsi qu'il en avait reçu l'ordre du Ministre ; il le garda comme
otage, et écrivit à Versailles pour déclarer qu'Alger, ne pouvant pas
rester sans Consul, il ne renverrait M. Vallière qu'autant qu'un nouvel
agent viendrait le remplacer.

« A l'occasion de cette affaire, dit M. Rang, M. Vallière fit re-
marquer à la cour que les Algériens ne considéraient plus les consuls
que comme des otages ; que la Compagnie d'Afrique établie à Bône
et à la Calle, était considérée [par les barbaresques sous le même
point de vue et que les Algériens pouvaient, selon leur caprice,
arrêter le personnel de cette Compagnie, et le rendre responsable
des évènements. Il proposait, en conséquence, d'abandonner définitivement les concessions. La cour n'y voulut pas consentir. »

« Le gouvernement de Baba-Ali devenait intolérable ; les traités
que l'on contractait avec lui, n'avaient de valeur qu'autant qu'ils
servaient ses intérêts, et dans tous les cas, sa volonté seule faisait
loi. La France, décidée à ne point se soumettre à la condition humiliante d'un tribut annuel comme le faisaient toutes les autres puis-

sances, à l'exception de l'Angleterre, avait perdu le premier rang à Alger ; les avanies et les déprédations se multipliaient et si, pendant quelque temps, notre gouvernement les supporta, ce ne fut que pour ne pas rompre tout à fait. »

« Cependant au mois de septembre 1763, le chevalier de Fabry fut envoyé par le Roi à Alger à la tête d'une escadre. Son premier soin fut de réclamer la personne du consul et celle du chancelier. Le Dey ne voulut point les livrer, sous le prétexte qu'il était content d'eux et voulait les garder auprès de lui. Il fit dire à M. de Fabry que le Kasnadji seul était cause des insultes qui avaient été faites aux Français et qu'il l'avait payé de sa tête. D'après ces assertions, l'amiral crut devoir en référer à la cour ; il quitta la rade d'Alger, expédia une frégate à Toulon ; et en attendant les ordres du Roi, il établit sa croisière sur les côtes de Barbarie. Ce ne fut que le 8 janvier suivant qu'il reparut à Alger, chargé des pleins pouvoirs de Sa Majesté. Les choses étaient dans le même état où il les avait laissées. Le consul se tenait renfermé chez lui et ne paraissait jamais devant le Dey. Les Français des concessions étaient toujours détenus. M. de Fabry voulut commencer par la réhabilitation du consul. Il écrivit en conséquence à Baba-Ali, et lui déclara qu'il n'entamerait aucune négociation que M. Vallière n'eût obtenu une réparation publique. Le Dey y souscrivit. Le consul fut salué de cinq coups de canon au moment où il sortait du port et lorsqu'il y rentra ; puis, en présence du divan et du public, le pacha lui dit : *qu'il se repentait de la conduite qu'il avait tenue à son égard et que pareille chose n'arriverait plus.* Il donna l'ordre d'élargir les Français des concessions, si longtemps détenus, et sur la demande de l'amiral, il restitua un bâtiment pris illégalement ; enfin il envoya un cheval au consul. Le lendemain le Divan s'assembla. M. de Fabry ayant été invité à s'y rendre, s'y présenta à la tête de son état-major. Après de nombreux compliments de part et d'autre, cet habile officier exposa les griefs et les réclamations de la France. Le Dey prit la parole à son tour et prétendit avoir également à se plaindre : il réclama, en outre, 3,000 sequins en dédommagement de la perte d'un chebec coulé bas par les Français qui, d'après sa manœuvre, l'avaient pris pour Saletin, ainsi que 37 esclaves, détenus aux galères de Marseille, pour remplacer ceux qui avaient péri dans cette malheureuse affaire. Après de longs débats, toutefois sans animosité ni aigreur, il fut décidé que tout serait oublié de part et d'autre, et qu'on en resterait là.

Cependant six Algériens, coupables de déprédations envers la France, reçurent la bastonnade. Un traité supplémentaire fut conclu, et M. de Fabry, après avoir ainsi fait honorer le pavillon du Roi et avoir ramené par ses manières conciliantes les esprits en faveur de la France, remonta sur son bord et mit aussitôt à la voile. Le Dey lui avait remis une lettre pour M. de Praslin. Dans cette lettre, le Dey invoquait la générosité du ministre, en lui demandant le renvoi de vingt captifs qui étaient à Marseille ; on les lui expédia aussitôt. »

Un passage de cette relation me paraît fort contestable. C'est celui où M. Rang dit que le Kheznadji, ou grand trésorier de la Régence avait payé de sa vie les tracasseries suscitées par lui contre les Français. Une pareille satisfaction accordée à des chrétiens n'était guère dans les usages des Barbaresques et il semble qu'on doit attribuer une toute autre cause à l'exécution du Kheznadji. Lors de cette exécution, la conduite des Algériens était d'ailleurs des plus hostiles pour nous, et on en trouve la preuve officielle dans la pièce n° 108 ci-dessus, où M. Vallière, notre consul, en proposant d'offrir un présent au nouveau Kheznadji, fait entendre ces paroles significatives : « ..... L'importance dont il est de nous rendre cet officier favorable, surtout dans la position critique où nous nous trouvons depuis quelque temps vis-à-vis ce gouvernement. » Rien dans un pareil langage ne fait supposer que la France venait de recevoir une réparation aussi éclatante que la mise à mort du premier fonctionnaire de la Régence et la version présentée par M. Rang paraît inadmissible. Il ne serait pas impossible, toutefois, que lors des négociations définitives entamées par le chevalier de Fabry, le pacha, fidèle aux traditions d'astuce et de fourberie des Barbaresques, n'ait eu l'impudence de présenter cet évènement comme une manifestation de ses bons sentiments à l'égard des Français.

A la suite de cet incident, les bonnes relations furent franchement renouées, et nos nationaux purent jouir de quelque tranquillité. La fin de l'année 1764, ne me fournit que la pièce ci-après, qui est relative à un présent, et qui nous apprend que le Grand Ecrivain Mahamet Khodja, personnage fort en crédit, nous servit de son influence pour la conclusion de la paix.

N° 109. — Assemblée tenue au sujet d'un présent à Mahamet Cogea, à l'occasion du mariage de son fils adoptif.

« L'an 1764 et le 25 septembre avant midi, par mandement de M. Vallière, conseiller du Roy, consul de France en cette ville et royaume d'Alger, messire La Pie de Seivigny, vicaire apostolique et tous les sieurs négociants François résidant en cette échelle ont été assemblés, etc.

« Messieurs,

« Il n'y a aucun de vous qui ne sache quel est le crédit de Mahamet Cogea, le premier des grands écrivains de cette Régence. C'est lui qui contribua le plus à l'arrangement de nos derniers démêlés avec Alger ; ses bons ou mauvais offices dans les affaires des Francs font souvent pencher la balance, et il n'y a qui que ce soit qui en le ménageant ne tache de se le rendre favorable. Cet homme marie son fils adoptif avec la fille de sa femme ; tous les consuls des autres Nations lui ont déjà marqué par des donnatives la part qu'ils prennent à cet évènement, il y a même divers particuliers qui ont suivi leur exemple. Il me semble qu'il serait dangereux et même très-nuisible au bien de notre service, que sous prétexte d'économie, nous nous dispensions de lui donner aussi quelque marque de notre empressement. C'est à vous, messieurs, à délibérer tant sur la convenance que sur la nature du présent. Et a signé. — *Signature de:* VALLIÈRE. »

« Sur quoi les dits sieurs assemblés ont unanimement délibéré qu'il convient d'envoyer à Mahamet Cogea un caffetan d'étoffe d'or de la valeur de cinquante sequins, laquelle dépense sera payée des fonds du commerce. Et ont signé. – *Signatures de:* C. L. LA PIE DE SEIVIGNY, vicaire apostolique ; MEIFRUND ; GIMON FILS ; CREST ; BENEZET ARMENY chancelier.

L'année 1765, qui n'offrit aucun incident remarquable, me fournit les deux documents suivants qui sont relatifs à des présents.

Nº 110. — Assemblée au sujet d'un présent à Kalil-Aga.

« L'an 1765, et le 22 du mois d'avril, avant midi, par mandement de M. Vallière, conseiller du Roy, consul de France en cette ville et royaume d'Alger, messire La Pie de Seivigny, etc.

« Messieurs,

« Ibrahim Aga, frère du Dey, vient d'être disgracié et l'on a donné sa place à Kalil Chaoux, à qui il convient que nous marquions la part que nous prenons à son élévation. Vous savés qu'il est d'usage en pareil cas, que tous les consuls envoyent un présent à cette troisième personne de la Régence, et qu'il ne serait pas possible d'y déroger. Ce n'est qu'après en avoir senti moi-même l'impossibilité que je me suis déterminé à vous faire assembler pour que vous délibériés sur ce qu'il convient de luy faire présenter par le drogman au nom de la Nation. Et a signé. — *Signature de* : VALLIÈRE. »

« Surquoi les dits sieurs assemblés ont unanimement délibéré qu'il convient d'envoyer à Kalil Aga un cafetan d'étofe d'or de la valeur de 40 sequins, laquelle dépense sera payée des fonds du commerce. *Signatures de* : MEIFRUND ; CREST ; GIMON FILS ; BENEZET ARMENY, chancelier.

N° 111. — Assemblée tenue au sujet de la circoncision du fils du Dey.

« L'an 1765, et le 19 du mois de décembre, avant midi, par mandement de M. Vallière, conseiller du Roy, consul de France en cette ville et Royaume d'Alger, messire Philippe Joseph Le Roy, vicaire apostolique, et tous les sieurs négociants, etc.

« Messieurs,

« Le Dey ayant indiqué à ce jour la circoncision de son fils, tout le monde s'empresse à démontrer sa joye et à lui témoigner la part qu'il prend à cet évènement. Vous êtes informés que les officiers de la Régence et les consuls des autres Nations, et même de simples particuliers, lui ont fait des présents qui nous forcent pour ainsi dire à ne pas nous montrer moins généreux. S'y refuser, ce seroit à coup sûr déplaire au Dey, exciter les murmures de sa cour, et conséquemment compromettre notre service. Quelque porté que je sois à la plus exacte économie, je ne vois pas que nous puissions nous dispenser de présenter au Dey, à sa femme et à son fils quelque chose qui puisse leur plaire. C'est pour y pourvoir que je vous ai fait assembler. Et a signé. — *Signature de* : VALLIÈRE. »

« Surquoi lesdits sieurs assemblés, sentant l'absolue nécessité de ne point indisposer le Dey dans une occasion où tout le pays s'empresse à lui démontrer son attachement et son zèle, ont unanimement délibéré de lui faire présenter par le drogman de la Nation un fusil de Paris damasquiné du prix de 55 sequins, un caffetan de Lyon à sa femme, de 50, et une paire de pistolets montés en argent à son fils, de 40, faisant le tout 145 sequins barbaresques, laquelle dépense sera payée des fonds du commerce. — *Signatures de* : LE ROY ; CREST ; GIMON FILS ; MEIFRUND ; BENEZET ARMENY, chancelier.

Le 2 février 1766, le Dey Ali-Pacha mourut de maladie. Il fut remplacé par Mahamet ben Osman Khodja, alors Kheznadji, ou Grand-Trésorier, et âgé de 55 ans, qui garda le pouvoir pendant

vingt-cinq ans, fournissant ainsi une carrière tout à fait exception-
nelle dans un Etat dont le chef électif était sans cesse en butte aux
complots des ambitieux et aux séditions des turbulents. Les quatre
pièces ci-après, seuls documents que m'ait fournis l'année 1766, sont
relatives à des présents faits au nouveau Dey et à divers fonctionnaires de la Régence.

N° 112. — Assemblée tenue au sujet de l'élection de Mehemet Cogea Dey
et de celle de Braham Cazanagy.

« L'an 1766, et le 3 du mois de février, avant midi, par le mandement de M. Vallière, conseiller du Roy, consul de France en cette
ville et royaume d'Alger, messire Philippe Joseph Le Roy, vicaire
apostolique et tous les sieurs, etc.

« Messieurs,

« Vous êtes informés qu'on vient d'élire un nouveau Dey et un
nouveau Cazanagy, et qu'on ne saurait se dispenser de leur envoyer
un présent suivant l'usage. C'est pour y pourvoir que je vous ai fait
assembler, et a signé. — *Signature de*: VALLIÈRE. »

« Surquoi les dits sieurs assemblés ont unanimement délibéré de
faire présenter au nouveau Dey par le drogman de la Nation, un
caffetan de Lyon du prix de 80 sequins avec 16 pics de drap de Sedan
surfin, et au nouveau Caznagi, un autre caffetan de Lyon du prix de
50 sequins avec 8 pics du même drap, laquelle dépense, montant à
171 sequins Algériens, sera payée des fonds du commerce. — *Signa-*
tures de: LE ROY ; MEIFRUND ; CREST; GIMON FILS ; BENEZET ARMENY,
chancelier.

N° 113. — Assemblée tenue au sujet d'un présent au nouvel écrivain des
chevaux et à Mehemet Cogea, Grand-Ecrivain de la Régence.

« L'an 1766, et le 8 du mois de février, avant midi, par mandement de M. Vallière, conseiller du Roy, consul de France en cette
ville et royaume d'Alger, messire Philippe Joseph Le Roy, vicaire
apostolique et tous les sieurs négociants, etc.

« Messieurs,

« Je vous ai fait assembler pour vous dire que le Dey ayant revoqué l'Ecrivain des chevaux dont la place a été donnée à un de ses
favoris, nous ne pouvons nous dispenser d'envoyer à celui-ci le même
présent qu'ont eu ses prédécesseurs. J'ajoute, messieurs, que comme
depuis l'avènement du nouveau Dey, il n'y a nul officier qui ait autant
d'influence sur la décision des affaires de quelque nature qu'elles
soient que le premier des Grands-Ecrivains, il conviendrait que pour

cultiver son amitié et nous le rendre toujours plus favorable, nous lui envoyassions quelque galanterie à laquelle il put être sensible. C'est à vous à délibérer sur ces deux objets. Et a signé. — *Signature de* : VALLIÈRE. »

« Surquoi les dits sieurs assemblés ont unanimement délibéré de faire présenter au nouvel écrivain des chevaux par le drogman de la Nation un caffetan de Lyon du prix de 30 sequins et au premier des Grands-Ecrivains, 5 pics de drap surfin avec une pièce de bazin, laquelle dépense montant à 45 sequins d'Alger, sera payée des fonds du commerce. — *Signatures de:* LE ROY; MEIFRUND; CREST; GIMON FILS; BENEZET ARMENY, chancelier.

Nᵒ 114. — Assemblée tenue au sujet d'un présent à Amida, fils de notre Drogman.

« L'an 1766, et le 20 du mois de mars, avant midi, par mandement de M. Vallière, etc.

« Messieurs,

« Vous savès que le nommé Moustapha, Drogman de la Nation, marie son fils. Il n'y a pas d'exemple qu'en pareil cas on ait fait quelque donative. Cependant, quelque porté que je sois à ne permettre l'introduction d'aucun usage qui put être abusif et à veiller comme je le dois à l'économie des deniers de la chambre du Commerce, je crois devoir vous exposer que pour le bien du service et l'honneur de la Nation, il conviendroit de faire en cette occasion, quelque petite donative à ces deux employés non seulement parce qu'il n'y a pas de plus sûr moyen pour exciter leur zèle, mais parce que nous devons considérer que vu le grand âge du père, c'est le fils qui, avec l'agrément de la Régence, fait presque tout le service, qu'il s'en acquite à notre satisfaction, qu'il est comme désigné pour remplacer le père, et qu'au surplus depuis deux ans et quelques mois qu'il travaille pour le service, il n'en a pas eu la moindre rétribution. Cette donative faite sur notre mouvement comme une récompense des services par eux rendus, ne saurait tirer à conséquence. C'est pour en délibérer que je vous ai fait assembler. Et a signé. — *Signature de:* VALLIÈRE. »

(Une délibération signée par : Le Roy; Meifrund; Crest; Gimon fils; Benezet Armeny, chancelier, accorde 25 sequins sur les fonds de la chambre du Commerce de Marseille. *Note de l'auteur*).

N° 115. — Assemblée tenue au sujet d'un présent au nouveau Vekilargi de la Marine.

« L'an 1766, et le douze du mois d'aoust, avant midi, par mandement de M. Jean Antoine Vallière, conseiller du Roy, consul de France en cette ville et royaume d'Alger, etc.

« Messieurs,

« Vous savès qu'on vient d'élire un nouveau Vekilargi, et que l'usage est que toutes les nations envoyent un présent à ce premier officier de la Marine. Sa place le met à portée de rendre des services essentiels, il est neveu du Dey, et c'est un homme qu'il convient de mettre dans nos intérêts en ménageant cependant autant qu'il se pourra les deniers de la caisse. C'est pour délibérer sur la donative qu'il est à propos de lui faire, que je vous ai fait assembler. Et a signé. — *Signature de :* VALLIÈRE. »

« Surquoi les dits sieurs assemblés ont unanimement délibéré d'envoyer au Vekilargi de la Marine, par le drogman de la Nation, un cafetan étoffe d'or, du prix de 48 sequins Algériens sur les fonds du Commerce. — *Signatures de :* LE ROY, vicaire apostolique ; MEIFRUND ; CREST ; GIMON FILS ; BENEZET ARMENY, chancelier. »

Je ne trouve pour l'année 1767, que l'unique document ci-après, dans lequel il est question de divers présents et notamment d'un cadeau à offrir au successeur de l'aga de la milice, qui venait de faire une fin tragique. Ce fonctionnaire avait, en effet, payé de sa vie, la faute de s'être laissé battre à la tête d'une colonne de 1,100 turcs, avec laquelle il devait châtier les tribus du pays des *flissa,* qui refusaient de payer les impôts.

N° 116. — Assemblée de la Nation pour un présent au nouvel Aga, au nouvel Ecrivain des chevaux, au Caznadar du Dey et au Vekilargi de la Marine.

« L'an 1767, et le dixième du mois de juin, après-midy, par mandement de M. Jean Antoine Vallière, conseiller du Roy, consul de France en cette ville et royaume d'Alger, messire Philippe Joseph Le Roy, vicaire apostolique, et les sieurs Charles Hiacinthe Crest et Jean Nicolas Gimon, négociants François résidents en cette echelle, ont été convoqués et assemblés dans la salle de la maison consulaire, où étant et écrivant sur ce Pierre Joseph Meifrund, chancelier substitué de ce consulat, mondit sieur le consul a dit : Messieurs, vous n'ignorès pas la fin tragique que vient de faire l'Aga de la Milice. Il a été remplacé par l'Ecrivain des chevaux et la place de celui-ci a été donnée à Sidy Mamet, ci-devant écrivain de la Porte. Il est d'usage qu'en pareil cas tous les consuls envoyent un présent à ces deux Puissances en les faisant complimenter sur leur élévation. Observès je vous prie, que le nouvel Aga est un homme des plus accrédités du pays, et que le nouvel Ecrivain des chevaux est fort estimé du Dey. Combinès leur état avec l'économie qui nous est si fort recommandée et tâchès de prendre une délibération qui relative à ces deux objets, nous assure le mérite de notre donative.

« Je dois, messieurs, vous faire observer en même temps que depuis l'avènement du Dey, nous n'avons pas fait la moindre galanterie à son Caznadar, qui est un homme essentiel par les bons ou mauvais offices qu'il peut nous rendre ayant toute la confiance de son maître ; que le Vekilargi de la Marine murmure de ce que depuis son instalation, il n'a reçu de notre part que l'*avoïde* ou présent qui luy revenait de droit lors de sa prise de possession ; que ces deux officiers accoutumés à recevoir de toutes parts, commencent à s'indisposer contre nous ; et qu'il serait dangereux de les laisser dans de telles dispositions, surtout s'il survenait quelque affaire dans laquelle nous eussions besoin de leur intercession. J'estime qu'il conviendrait de leur envoyer à chacun un caffetan de 25 à 30 sequins ou tels autres articles que vous croiriés pouvoir leur être plus agréable, moyenant qu'ils n'excedassent pas cette somme. Ces deux officiers ont une telle influence sur la décision des affaires qui peuvent nous intéresser, que ce seroit nous compromettre que de ne pas les cultiver. Je me crois obligé de vous le faire connaître, et c'est à vous à en délibérer. Et a signé. — *Signature de* : VALLIÈRE.

« Surquoy les dits sieurs assemblés ont unanimement délibéré que vû l'usage dont on ne peut s'écarter et le crédit des deux nouvelles Puissances mentionnées dans l'exposé de monsieur le consul, il sera envoyé au nouvel Aga par le Drogman de la Nation, un caffetan d'étoffe d'or du prix d'environ 50 sequins, et au nouvel Ecrivain des chevaux, un pareil caffetan du prix d'environ 40 sequins. Quant au Caznadar du Dey et au Vekilargi de la Marine, comme il est essentiel de regagner leur amitié et de les mettre dans les intérêts de la Nation autant que faire se peut, ils délibèrent de leur envoyer à chacun un caffetan de 25 à 30 sequins, ces donatives ne pouvant que produire un très-bon effet pour le commerce, la navigation et le service en général. Laquelle dépense sera payée des deniers de la chambre du Commerce, etc. — *Signatures de* : LE ROY, vicaire apostolique ; CREST ; GIMON FILS ; MEIFRUND, chancelier substitué.

A cette pièce originale, il me paraît intéressant de joindre l'extrait ci-après du *Précis analytique* de **M.** Rang.

« Depuis que M. de Fabry avait rétabli la bonne intelligence avec Alger, les relations des deux nations étaient restées sur le pied d'une réciproque amitié. M. Vallière écrivait à sa cour : « Quoique « nous n'ayons point à nous louer des Algériens, il n'y a pas cepen- « dant de nation à Alger qui, sous le gouvernement actuel, soit aussi « bien traitée que la nôtre ; et l'on ne peut pas dire que ce soit par « suite de nos donatives. » En effet, la France seule, sans qu'il fût question de présents d'aucune espèce, auxquels les autres nations étaient astreintes, n'éprouvait plus aucun des mauvais procédés qu'on ne leur épargnait guère, malgré leurs actes de munificence. Enfin le nouveau Dey témoignait une grande considération pour le caractère de M. Vallière. »

« Un nouveau consul envoyé par l'Angleterre, déclara à son arri- vée qu'il ne se soumettrait ni à la cérémonie du baise-main, ni à l'obligation de déposer l'épée. S'étant donc présenté armé devant le Dey, celui-ci, sans vouloir entrer dans aucune explication, lui fit dire que s'il se présentait une seconde fois avec l'épée au côté, il la lui arracherait lui-même et la lui casserait sur la tête ; le consul anglais renonça à la prétention qu'il avait élevée. »

Au mois de juillet 1768, le Pacha d'Alger voulant venger l'échec subi par ses armes l'année précédente, fit marcher contre les *flissa* un corps nombreux placé sous le commandement en chef du Bey de Constantine. Les Turcs furent battus de nouveau dans cette expé- dition, et firent des pertes considérables. Cet échec amena de nou- velles révoltes et l'insurrection se propageant de l'Est à l'Ouest, Alger se trouva un moment menacé. Le nouvel Aga perdit la vie dans cette expédition désastreuse, et le document suivant est relatif à un présent offert à son successeur. Ce document, et les deux autres pièces qui le suivent, lesquels forment mon contingent pour l'année 1768, sont dans un fort mauvais état de conservation, qui est dû à l'humidité et qui est cause des lacunes que présente leur publica- tion.

N⁰ 117. — Assemblée de la Nation pour un présent au nouvel Aga.

« L'an 1768..... messieurs....... ayant été tué dans..... de la cam- pagne..... Régence, le gouvernement vient de le remplacer. Le choix est tombé sur un favori du Dey qui était déjà fort en crédit. Vous sçavés qu'en pareil cas, il est d'usage d'envoyer un présent national. C'est pour en délibérer que je vous ay fait assembler. Et a signé. — *Signature de*: VALLIÈRE. »

(Une délibération signée par Gimon fils, Crest et Meifrund, chancelier, accorde un caffetan d'étoffe de Lyon, de 50 sequins. *Note de l'auteur*).

N⁰ 118. — Assemblée de la Nation pour un présent..... gardien Bachy..... (capitaine) de Port.

« L'an (mil sept) cent soixante-huit..... (lacune d'un quart de page). Celle de capitaine de port..... Il conste par les délibérations nation- nales que l'usage est d'envoyer au nom de la Nation, cinq pics de drap et huit pics de damas au nouveau capitaine de port et cinq pics de drap seulement au nouveau gardien Bachy ; mais comme le nou- veau gardien Bachy étoit ci-devant capitaine de port, et qu'en cette qualité, il avoit reçu lors de son installation, du drap et du damas, il me semble qu'il ne serait pas naturel qu'ayant obtenu un grade supérieur, il n'eut que du drap, tandis que comme capitaine de port, il auroit eu du drap et du damas. Je serois d'avis que vû la nature de cette promotion, ces deux officiers fussent traités de la même façon, c'est-à-dire que nous leur fissions présenter à l'un et à l'autre cinq pics de drap et huit pics de damas. C'est à vous, messieurs, à en délibérer. Et a signé — *Signature de* : VALLIÈRE. »

. . . .

N⁰ 119. — Assemblée de la Nation pour un présent à Agy Mehemet, ancien Vekilargy de la Marine.

« L'an 1768..... octobre, avant midy, par mandement de M. Jean Antoine Vallière,..... consul de France en cette ville et royaume d'Alger, messire Philipe Joseph Le Roy, vicaire apostolique, et les sieurs Charles Hiacinthe Crest, et Jean Nicolas Gimon, négociants François, résidants en cette échelle, ont été convoqués et assemblés dans la salle de la maison consulaire, où étant et écrivant sur ce Pierre Joseph Meifrund, chancelier de ce consulat, mondit sieur le Consul a dit : Messieurs, il n'y a aucun de vous qui ne sache quel a été le crédit d'Agy Mamet, ancien Vekilargi de la Marine, qui sous le précédent règne, étoit consulté sur toutes les affaires de la Régence. Ses connaissances et ses talents luy avoient acquis l'estime et la confiance non seulement du Dey, mais de tous les officiers du Divan. Après avoir rempli pendant longtems la place de Vekilargi, où il avait eu occasion de rendre divers services à notre Nation, il fut à deux reprises expédié à Constantinople en qualité d'ambassadeur, où ses négociations eurent les plus heureux succès. La Régence ne fut pas la seule à luy en témoigner sa satisfaction, les grands du pays et les diverses nations qui y résident, luy firent en cette occasion des présents considérables..... (lacune d'une demi-page)..... Il étoit dans ce haut degré de faveur, lorsque par un pur caprice du Dey, qui radotait sur la fin de ses jours, ce prince luy fit dire que, quelque satisfaction qu'il eût de ses services, il trouvoit à propos de le renvoyer en Levant, et qu'il n'avoit qu'à affretter un bâtiment pour partir incessamment, luy permettant cependant, contre l'usage, d'emporter son argent et ses effets. Il obéit et se rendit tout de suite en Egypte où il étoit à peine arrivé qu'il aprit la mort du Dey, qu'il avoit été remplacé par Mamet Codja, actuellement régnant, et que celui-ci avoit l'intention de le rappeller. Les premières semonces qu'on luy en fit ne purent le résoudre à retourner dans un pays où il avoit été si mal recompensé. Mais le Dey luy ayant fait de nouvelles invitations, ayant envoyé en Egypte des personnes exprès pour luy témoigner combien il le désiroit, et luy ayant fait les offres les plus avantageuses, il y consentit enfin et il vient d'arriver. Il est certain que le Dey en fera son confident, qu'il le consultera sur tout ce qui pourra intéresser le gouvernement, et que ses conseils feront ..... pencher la balance. Le crédit..... met tout le pays en..... chacun s'empresse à briguer..... aura pas de consul..... Il me parait..... (lacune d'un quart de page)..... d'envoyer au nom de la Nation à Agy Mamet, ancien Vekilargy de la Marine, rappelé par le Dey, un caffetan d'étoffe de Lyon du prix d'environ 60 sequins d'Alger. qui seront payés des deniers de la chambre du Commerce, etc. — *Signatures de :* LE ROY ; GIMON FILS ; CREST ; MEIFRUND, chancelier. »

« Et tout de suite, mon dit sieur le Consul, reprenant la parole, a ajouté : Je dois, messieurs, vous exposer aussy que non seulement la Nation Françoise établie en cette ville, n'avoit jamais été si tranquille, aussy favorisée qu'elle l'est sous le gouvernement actuel, mais que pour ce qui..... notre navigation, les corsaires de..... eut jamais aussi bien..... (lacune d'une demi-page)..... galanterie qui, présentée dans un tems où je n'aurois aucune affaire nationnalle sur le tapis, ne pourroit que leur faire connoître combien je suis sensible à leurs bons procédés, et combien je sçaurois être reconnoissant s'ils étoient jamais dans le cas de nous rendre d'autres services. Il ne faudroit pas qu'elle fut considérable, parce que rien ne m'est tant recommandé que la plus exacte économie ; mais il ne faudroit pas non plus que par une trop grande modicité, nous ne perdissions le fruit de notre donative. Ce ne seroit plus remplir le but que je me propose pour l'unique bien du service. J'estimerois, si tel est votre avis, qu'on pourroit envoyer au Vekilargy de la Marine, un caffetan d'étoffe de Lyon, du prix d'environ 50 sequins Algériens, à l'amiral, un autre caffetan d'environ 30, et au capitaine du port, un troisième caffetan d'environ 25. Ce sont là les présents les plus usités pour des gens de leur espèce. C'est à présent à vous, messieurs, à en délibérer en toute liberté. Et a signé. — *Signature de :* VALLIÈRE.

A partir de l'année 1768, et pendant une période de trente années, il m'a été impossible de mettre la main sur des documents présentant quelque importance au point de vue historique. Je n'ai pu compulser que des pièces de chancellerie ayant trait à des intérêts privés, telles que mariages, obligations, procurations, quittances, subrogations, etc. Les archives du consulat de France ont été exposées plusieurs fois, et notamment en 1827, à des causes de destruction matérielle et à des dilapidations qui font craindre que les pièces dont l'absence est remarquée, ne soient définitivement perdues pour l'histoire. Cependant, depuis 1830, bien des documents arrachés dans un moment d'oubli, d'irréflexion ou de curiosité trop vive aux archives civiles, commerciales et politiques de la Régence, ont déjà fait retour par des voies plus ou moins directes aux dépôts publics où est leur place naturelle et légitime, et il faut espérer qu'un jour arrivera où tous les collectionneurs indiscrets seront revenus à des sentiments plus conformes aux véritables intérêts de l'histoire.

J'ai pu cependant retrouver la *main-courante* où étaient enregistrées les commissions des nouveaux consuls. Je vais donc puiser quelques indications dans ce document original, et j'y joindrai divers extraits empruntés au *Précis analytique* de M. Rang, et concernant les relations de la France et de la Régence d'Alger.

« Une nouvelle contestation s'éleva cette même année, entre le Dey et le Consul de France : le premier voulait que le pavillon Français garantît les marchandises Algériennes contre les Russes et les Danois qui croisaient dans la Méditerranée. M. Vallière en référa au Ministre, qui lui défendit de prendre aucun engagement à cet égard, la responsabilité lui paraissant trop grande, mais le Dey n'en persista pas moins à voir dans le pavillon blanc, une garantie pour la sûreté de son commerce. Il fit ses réclamations à ce sujet dans deux circonstances qui ne tardèrent pas à se présenter. Le Ministre, après quelques hésitations, promit qu'à l'avenir le pavillon Français garantirait la marchandise.

« ..... Dans cette même année (1773), M. Vallière demanda et obtint son rappel. Il fut vivement regretté par les Algériens de toutes les classes. Le 3 décembre, le successeur de M. Vallière, M. Langoisseur de la Vallée, arriva à Alger snr la frégate *la Sultane*, Mahamet lui fit bon accueil. »

La main-courante du Consulat renferme la note suivante :

N° 120.

« Brevet de Consul de France à Alger, pour M. Robert Louis Langoisseur de la Vallée, du 11 août 1773, enregistré à Alger, le 4 novembre 1773, à sa réquisition. »

On voit que cette note modifie d'un mois la date donnée par M. Rang. Une autre note, que je reproduis ci-après, rappelle que c'est en 1776 que le représentant de la France à Alger prit le titre de Consul-Général :

N° 121.

« 9 décembre 1776. Provisions de consul-général dans le royaume d'Alger, pour le sieur Langoisseur de la Vallée (Robert-Louis). »

Le 4 avril 1777, M. de la Vallée partit pour France laissant la gestion du consulat à son chancelier, M. Meifrund. Je le retrouve à Alger à partir du 18 septembre 1778, avec le titre de : « Consul-Général de France, et chargé des affaires de S. M. T. C. au royaume d'Alger. »

« M. Vallière, l'ancien consul d'Alger, dit M. Rang, fut envoyé auprès du Dey par la France pour négocier la paix avec l'Espagne et Naples..... Les négociations conduites à Alger par M. Vallière au nom des Espagnols, n'avaient eu aucun résultat. »

« Le 21 novembre, ajoute le *Précis*, la frégate Française la *Pléiade*, commandée par M. de Bessay, amena à Alger M. de Kercy, consul général, chargé des affaires du Roi près de la Régence, pour remplacer M. Vallière. »

Il est évident que M. Rang se trompe en disant que M. de Kercy venait remplacer M. Vallière. Celui-ci n'était revenu à Alger que pour remplir une mission particulière, et n'avait nullement repris ses anciennes fonctions de Consul Général. Je trouve dans les archives, la preuve que M. de la Vallée exerça le consulat-général à Alger, jusqu'à l'arrivée de M. de Kercy. Ce dernier est ainsi désigné dans les actes de chancellerie :

N° 122.

« Jean-Baptiste Michel de Kercy, Consul-Général de France, et chargé des affaires de S. M. T. C. au royaume d'Alger. »

« 1788, un corsaire Algérien ayant été coulé bas sur la côte de France, par le vaisseau le *Partenope,* le Dey d'Alger voulut que la France en fut responsable et menaça le Consul de déclarer la guerre à sa Nation, si elle ne remplaçait pas immédiatement ce bâtiment. M. de Kercy offrit de l'argent, mais le Khasnadji repoussa cette offre, exigeant un bâtiment tout semblable. Le Ministre de France, considérant les circonstances dans lesquelles on se trouvait, fut obligé de consentir à cette exigence de l'odjak dans l'intérêt de la paix qui menaçait à chaque instant d'être troublée. »

En 1789, une rupture sembla de nouveau imminente entre la France et la Régence, dont les corsaires voulaient courir sur nos navires afin de se dédommager du *préjudice* que leur causait le traité de paix récemment conclu avec l'Espagne. Le Roi eut recours à l'intervention de la Porte, et M. de Senneville, envoyé en mission extraordinaire à Alger, réussit à conclure un nouveau traité de paix malgré les intrigues des Anglais qui se remuèrent autant à Constantinople pour empêcher que le Sultan n'accordât son intervention qu'à Alger, pour exciter l'humeur du Dey.

« Le 15 janvier 1791, dit le *Précis,* M. Vallière, nommé de nouveau consul de France à Alger, vint prendre possession de sa résidence ; ce fut la corvette *la Poulette,* commandée par M. de Brueys, qui l'amena. Trois mois après, ce bâtiment reparut : il venait notifier au Dey le changement du pavillon national. »

Dans les actes de chancellerie, ce nouveau Consul est désigné ainsi :

N° 123.

« Césaire Philippe Vallière, consul-général et chargé des affaires de France auprès du Dey et de la Régence d'Alger. »

Les prénoms fournis par les archives établissent suffisamment qu'il s'agit d'un homonyme de l'ancien consul général de France à

Alger, et que M. Rang s'est trompé en avançant que M. Vallière (Jean-Antoine) revint occuper dans cette ville les fonctions qu'il y avait remplies de 1763 à 1773.

Le 12 juillet 1791, le Pacha Mohammed mourut de maladie à l'âge de 81 ans, et fut remplacé par Hassan, qui notifia au roi de France son avènement par une lettre de sa main, dans laquelle il lui donna des assurances de fidélité aux traités existants. A cette occasion, Louis XVI voulut qu'on lui remît un présent en diamants qui coûta 26,000 livres, et lui adressa, en réponse à sa communication, la lettre ci-après, dont l'original fait partie de la collection de manuscrits de la bibliothèque publique d'Alger.

N⁰ 124.

« Illustre et magnifique Seigneur,

« Nous avons reçû avec une grande satisfaction la nouvelle de votre avènement à la dignité suprême de Dey d'Alger ; et l'attention que vous avèz eüe de nous en informer vous même nous a été infiniment agréable. Les rares qualités dont vous êtes ornèz, et les sentiments d'attachement que vous montrèz pour la nation française pouvoient seuls adoucir les regrets que nous a causé la perte de notre ancien ami votre illustre prédécesseur. Votre empressement à ratifier les traités qui subsistent si heureusement entre la France et la Régence, auroit suffi pour nous convaincre de la sincérité de vos désirs pour le maintien de la bonne harmonie ; mais vous y avèz ajouté de plus une marque de prédilection à laquelle nous attachons un grand prix, celle de donner la préférence à notre pavillon pour transporter à Constantinople l'ambassade que vous envoyèz à sa hautesse afin d'obtenir son investiture. M Vallière, notre chargé d'affaires auprès de vous, que nous recommandons à vos bontés, illustre et magnifique Seigneur, aura l'honneur de vous présenter cette lettre. Il a dû déjà vous prévenir que nous avions promptement donné les ordres nécessaires à cette expédition. Nous nous en rapportons entièrement aux détails qui vous en seront faits par notre ministre de la marine : vous y reconnaitrèz qu'elle est absolument conforme à vos vœux. Les nôtres n'auront jamais d'autre objet que la conservation de la paix et de la bonne amitié, ainsi que la gloire et la prospérité de votre règne. Et la présente n'étant à autre fin, je prie Dieu, illustre et magnifique Seigneur, qu'il vous ait en sa digne garde. Ecrit en notre château impérial des Tuileries de Paris, le seize septembre mil sept-cent quatre-vingt-onze. Louis.

« 1796. Le 7 avril, Herculais arriva à Alger ; il destitua tout aussitôt M. Vallière, et écrivit en France pour que l'on mit le sequestre sur ses biens. Cet envoyé, qui mit évidemment beaucoup d'aigreur dans sa conduite à l'égard du consul Français, était également chargé d'assurer le Dey de l'amitié de la république. Le 3 juin, Jean-Bon-Saint-André, nommé consul général, vint remplacer Vallière, qui partit pour France un mois après. »

Voici les indications que me fournissent les archives au sujet de ces deux personnages.

Nᵒ 125.

« 27 germinal an 4. (16 avril 1796). Le citoyen Herculais, envoyé extraordinaire de la république Française auprès des puissances musulmanes de la Barbarie. »

Nᵒ 126.

« Le citoyen Jean-Bon-Saint-André, consul général en cette échelle. »

« 1798. Un arrêté du 8 frimaire an VI, dit M. Rang, ayant nommé Jean-Bon-Saint-André au consulat de Smyrne, M. Moltide fut désigné pour lui succéder. »

J'ai pu m'assurer au vu de nombreuses pièces de chancellerie, que ce nouveau consul s'appelait *Moltedo* et non *Moltide* comme l'avance M. Rang. La désignation ordinaire est celle-ci :

Nᵒ 127.

« Le citoyen Dominique-Marie-Moltedo, consul général de la République Française, chargé d'affaires d'icelle près le Dey d'Alger. »

Le 14 mai, Hassan Pacha décéda et eut pour successeur Mustapha Pacha, homme irascible, avare et d'un esprit fort borné.

A son arrivée à Alger, le nouveau Consul de France n'avait point fait de présents ; le Dey s'en formalisa, et de là vint sans doute l'aversion qu'il ne cessa jamais de lui manifester, et l'aigreur avec laquelle il refusa la liberté aux captifs Italiens, chaque fois que cet agent lui en fit la réclamation. M. Moltedo ne tarda pas d'ailleurs à être l'objet d'une insulte qui est exposée dans le procès-verbal ci-après.

No 128. — Enregistrement du procès-verbal dressé à l'occasion de paroles insultantes proférées par un homme du pays contre le Consul de la République, le chancelier de ce Consulat et le secrétaire de ce premier.

« L'an sixième de la République, le quatre fructidor (21 août 1798, *Note de l'auteur*), à six heures et demi du soir ;

« Nous soussignés Dominique Marie Moltedo, consul général de la République Française, chargé d'affaires d'icelle près le Dey d'Alger, Astoin-Sielve, chancelier du dit Consulat, et Michel Lecointe, secrétaire particulier, nous trouvant sur la terrasse de la maison que le Dey nous a forcé de prendre en échange de celle occupée par les consuls Français depuis 112 ans, et ayant le dos tourné à la mosquée qui y est établie vis-à-vis et sans donner le moindre signe de scandale au culte Mahométan, il nous a été crié par un Turc ou Maure qui se trouvait sur la porte de derrière de la dite mosquée et par cinq fois de suite, à très-haute et intelligible voix : *Abasso senza fede, abasso fede de merda.* » En foi de quoi nous avons dressé le présent procès-verbal pour servir au besoin, et que nous avons signé. Signés : Moltedo, Astoin-Sielve, Le Cointe, à l'original.

Il me parait à peine nécessaire de donner une traduction de la brutale apostrophe adressée à notre Consul en langue franque, et dans laquelle éclate dans toute sa cynique grossièreté le célèbre mot de Cambronne, voilé par l'histoire et réintégré par Victor Hugo dans la plénitude de ses droits à l'admiration de la postérité. Cependant, les personnes peu familières avec l'affreux jargon décoré du nom de langue *Franque* ou *Sabir* ne seront peut-être pas fâchées d'apprendre que les mots qui ont motivé le procès-verbal ci-dessus, signifient : *En bas, sans foi ! En bas, foi de ..... !*

C'est au mois de juin de cette année, que l'armée Française, se rendant en Egypte sous les ordres du général Bonaparte, s'empara de Malte. Cet événement fut annoncé au Consul de France à Alger, par la lettre ci-après.

No 129.

« Au quartier général de Malte, le 27 prairial an VI (15 juin 1798).

« Je vous préviens, citoyen, que l'armée Républicaine est en possession depuis deux jours de la ville et des deux îles de Malte et du Gozo. Le pavillon tricolore flotte sur tous les forts.

Vous voudrez bien, citoyen, faire part de la destruction de l'ordre de Malte et de cette nouvelle possession de la République au Bey, près duquel vous vous trouvez, et lui faire connaître désormais qu'il doit respecter les Maltais, puisqu'ils se trouvent sujets de la France.

« Je vous prie aussi de lui demander qu'il mette en liberté les différents esclaves Maltais qu'il avait. J'ai donné l'ordre pour que l'on mit en liberté plus de deux mille esclaves barbaresques et turcs que l'ordre de Saint-Jean-de-Jérusalem tenait aux galères.

« Laissez entrevoir au Bey que la puissance qui a pris Malte en deux ou trois jours, serait capable de le punir, s'il s'écartait un moment des égards qu'il doit à la République. — BONAPARTE. »

Les archives du Consulat me fournissent également une note diplomatique, relative au même évènement, qui fut envoyée de Paris à notre Consul, pour qu'il eût à la communiquer au Dey d'Alger. Voici le texte de ce document.

N° 130. — Relations Extérieures. — 2e division. Politique. — Note à présenter au Dey d'Alger par le citoyen Moltedo, consul et chargé d'affaires de la République Française.

« Le soussigné Consul général et chargé d'affaires de la République Française vient de recevoir du Directoire exécutif l'ordre de faire connaître au seigneur Dey, la conquête de l'isle de Malte, faite le 25 prairial dernier (13 juin 1798) par l'armée, aux ordres du général Bonaparte. »

« Cet évènement, qui procure à la République un accroissement considérable de gloire et de prospérité, doit avoir des résultats non moins satisfaisants pour la Régence d'Alger.

« C'est un ennemi de moins qu'elle aura à combattre, et sa navigation acquerra plus d'activité et d'étendue. Car les Maltais devenus Français, et les Musulmans en général, et en particulier les Algériens ne doivent plus se regarder comme ennemis sous aucun rapport, surtout sous celui de la religion. Le soussigné est autorisé à assurer le seigneur Dey que le Directoire exécutif ne négligera rien pour inspirer aux habitants de Malte et Isles en dépendantes, les sentiments d'amitié et d'attachement qu'il professe pour la Régence d'Alger.

« Le Directoire exécutif a été officiellement informé que le général Bonaparte, en entrant à Malte, a mis en liberté tous les musulmans, sans distinction, que le sort des armes avait réduits à l'esclavage.

Leur nombre était considérable, et il serait étonnant qu'il ne s'y fût pas trouvé d'Algériens.

« Cet acte d'humanité ne peut être méconnu par le seigneur Dey, qui aussitôt qu'il connaîtra le nombre de ses sujets affranchis à Malte, s'empressera sans doute d'user de la juste réciprocité que le gouvernement Français a droit d'attendre, et qu'il attend effectivement.

« En conséquence, le soussigné a reçu ordre de demander au seigneur Dey, qu'en échange des Algériens qui ont été affranchis à Malte, la liberté soit rendue à tous les Maltais sans distinction, qui peuvent se trouver en esclavage à Alger, ou dans d'autres lieux de la Régence, et s'ils se trouvent en moindre quantité que les premiers, que leur nombre soit completté par les Français déserteurs d'Oran et insulaires ci-devant Vénitiens, de manière que cet échange s'opère en rendant homme pour homme.

« Le soussigné doit encore, et toujours par ordre du Directoire exécutif, faire connaître au seigneur Dey que tout état de guerre de sa part avec les Maltais est cessé, et en conséquence, le solliciter de défendre à ses corsaires de courir sur leurs bâtiments qui n'arboreront plus à l'avenir d'autre pavillon que celui de la République Française.

« Le soussigné, en remettant, au nom du Directoire exécutif, la présente note au seigneur Dey, qui s'empressera sans doute de faire aux demandes qu'elle exprime, une réponse satisfaisante, se réserve de réclamer pour les Maltais qui pourront par la suite venir s'établir à Alger, la jouissance des mêmes avantages, immunités et prérogatives stipulés par les traités en faveur des citoyens Français. »

(*Au dos de cette pièce se trouve la mention suivante*). An 7, 27 frimaire (17 décembre 1798). Note ministérielle déposée cejourd'huy aux minutes de la chancellerie par le citoyen Moltedo, consul. — *Signature de* : Astoin-Sielve.

« Cet évènement (la prise de Malte) répandit la joie à Alger ; il eut agi favorablement sur nos relations politiques avec le Dey, si après le débarquement des Français en Egypte, la Porte irritée d'une guerre à laquelle elle ne s'attendait pas, n'avait forcé le Dey à déclarer à la République une guerre qui lui répugnait évidemment. Un chaouch envoyé tout exprès de Constantinople, apporta le firman qui en donnait l'ordre en terme précis..... Le Dey et ses ministres essayèrent d'éluder l'ordre, mais le chaouch les menaça de les dé-

noncer à Sa Hautesse comme traitres et mauvais musulmans ; force
leur fut d'obéir, et pour mieux prouver leur soumission, ils se hâ-
tèrent de mettre le Consul et tous les Français à la chaine. Dans cette
situation, ces infortunés eurent du moins la consolation de se voir
l'objet de l'intérêt général ; les consuls des diverses puissances repré-
sentées à Alger, s'empressèrent de les entourer de soins ; mais celui
de tous, qui se montra le plus généreux, fut, sans contredit, le Consul de Hollande.

« 1799. La captivité de M. Moltide ne fut que d'un mois et demi ;
le dey, soit par bienveillance naturelle , soit par appréhension des
suites de cet évènement, céda facilement aux sollicitations incessantes
de Busnah et Bacri, dont la conduite dans cette circonstance fut
digne des plus grands éloges. » (*Précis*).

Bien que notre Consul et nos négociants eussent été mis en liberté,
l'état de guerre continuait entre les deux Nations et le procès-verbal
ci-après donne des détails intéressants sur la position pénible faite
aux prisonniers français, auxquels les Algériens refusaient les choses
nécessaires à leur existence.

Nº 131.. — Procès-verbal de l'assemblée des citoyens français détenus à
Alger, tenue chez le citoyen Moltedo, chargé des affaires de la République
française à Alger, le 29 ventôse an 8 (20 mars 1800).

« Le chargé des affaires de la République française auprès de la
Régence d'Alger, pressé par le besoin urgent de venir au secours de
ses infortunés compatriotes qui sont aux travaux publics ou détenus
au mépris de la garantie de la capitulation de Corfou, par les Russes
et les Turcs ou des traittés particuliers de la France avec la Régence
d'Alger, assemble extraordinairement les officiers de la ci-devant
partie de la garnison de Corfou, les agents et les principaux employés des concessions d'Affrique, le gérant et les commis de la
maison française établie en cette echelle, et leur expose d'une part
la désespérante situation de ses malheureux concitoyens et les moyen s
auxquels il a dû de les faire subsister jusqu'à ce jour, de l'autre, la
méfiance outrée que le non payement de ses lettres de change sur le
gouvernement Français ou sur l'agence d'Affrique, a jetté sur son
crédit, et enfin l'inutilité de ses démarches, de ses efforts, soit auprès
des Consuls des puissances alliées de la France, des négociants les
plus en crédit dans ce pays-ci, du premier ministre de la Régence,
soit auprès du Dey même, pour les engager à empêcher que les
Français en souffrance puissent manquer de pain au moins jusqu'à

la réponse du gouvernement Français aux nouvelles instances qu'il se propose de lui adresser par voye extraordinaire.

« Dans cet état de choses plus que critique, il ne reste au chargé d'affaires de la République qu'à déposer dans le sein de ses compatriotes assemblés, les inquiétudes que lui donne la dure nécessité dans laquelle il se trouve de cesser, dès après-demain des secours qui ont absorbé jusqu'à la propriété de ses meubles, et à les inviter par tout ce que l'humanité et le patriotisme ont de plus sacré à réunir leurs ressources particulières afin de parvenir à écarter de nos trop infortunés compagnons les horreurs de la faim et du désespoir qui les menacent, persuadé qu'à son exemple, ils aimeront, à cette occasion, à donner à notre gouvernement un témoignage éclatant de la confiance qu'il mérite à tant de titres, et à se promettre, que sensible au sort des Français qui sont ici, il se hâtera de tout réparer et de ne nous laisser aucune inquiétude aussitôt que l'état de notre détresse, de nos maux actuels lui sera connu. — *Signature de :* MOLTEDO. »

« Les Français soussignés, convoqués par le citoyen Moltedo, chargé des affaires de la République Française, ont trop présent tout ce qu'il a fait pour faire oublier aux Français qui sont dans la peine à Alger, le malheur qui les y a conduits, pour ne pas saisir avec avidité la circonstance qu'il leur offre de lui en marquer publiquement leur reconnaissance ; ils ne peuvent que trouver à honneur de partager sa sensibilité pour les infortunés qui ne cessent d'être l'objet de ses sollicitudes et de mettre comme lui, toute leur confiance dans un gouvernement qui va obtenir enfin de faire de tous les Français, un peuple d'amis, et pour qui, on n'y met aucun doute, les Français chargés de chaines pour la cause de la liberté, ne seront plus un objet de compassion stérile. Tous animés du zèle le plus ardent pour soulager leurs frères dans leurs besoins instantanés désireraient pouvoir également goûter la satisfaction de venir à leur secours, et de grossir la somme de vingt-un mille deux cent francs dont les citoyens ci-après nommés garantissent le payement en leur propre et privé nom, au preneur des lettres de change qui seront fournies sur notre gouvernement jusqu'à la concurrence de la même somme, par le citoyen chargé des affaires de la République Française, laquelle garantie aura lieu pour chacun suivant la quotité pour laquelle ses facultés et ses moyens actuels lui permettent de s'inscrire et de répondre ainsi qu'il suit :

Savoir :

	francs.
Pirouze, lieutenant d'artillerie, pour.	225
Astoin-Sielve, chancellier de ce commissariat, déjà en avant pour 3,000 piastres fortes, valeur d'une traite du citoyen chargé des affaires de la République, relative aux subsistances, laquelle traite n'est point encore acquittée, quoiqu'échuë depuis environ sept mois, pour.	1,050
Peïron, agent principal des concessions d'Affrique, caution d'une traite de mille piastres fortes, sur l'agence d'Affrique, aussi relative aux subsistances, outre environ 500 piastres déboursées pour le même objet.	5,200
Guibert, agent du comptoir de Bonne. . , ...	5,200
Franz, chancelier de la colonie de la Calle.	525
Raimbert, caissier du comptoir du Collo.	1,050
Paret, régisseur de la maison de commerce Française . .	7,425
Bonfort, commis dans la même maison.	525
Francs.	21,200

« Le citoyen Moltedo ayant connaissance que pour ce payement, la plupart affectent les seules ressources qui soient ici en leur pouvoir, ou qu'ils peuvent se procurer, voudra bien le représenter au gouvernement et ne pas lui laisser de doute que dépourvus eux-mêmes de tous moyens de subsister après ce débours, ils ne sauroient s'il devenait inévitable, qu'avoir retardé de deux mois les horreurs de la faim et de la misère pour leurs concitoyens et pour eux-mêmes.

« Les agents des concessions d'Affrique ne scroient pas étonnés que les personnes qui ont détourné de leur véritable aplication le produit des denrées et marchandises qu'ils ont laissées dans les comptoirs, et qui tant de fois ont marqué l'oubli des belles promesses qu'elles ont faites aux employés des concessions, ne fussent parvenues par leur influence directe ou indirecte à persuader au gouvernement, dans la vuë de le rendre sourd aux besoins des Français, ce qu'elles ont assés méchamment répandu ici pour fermer à la Nation tout accès ou crédit même particuliers, que les agents avaient des moyens considérables qui pouvaient dispenser d'aller à d'autres, pour les secours nécessaires. Le citoyen chargé des affaires de la République, a vu, par lui-même, la manière cruelle dont les employés des concessions ont été dépouillés, surtout les agents, pour pouvoir en rendre témoi-

gnage, et à cet égard, ils ne sauroient mieux faire que de se rappor-
ter entièrement à sa justice pour justifier auprès du gouvernement
de leur situation particulière et de leurs sentiments. .

« Les soussignés osent espérer que le citoyen chargé des affaires de
la République, en mettant sous les yeux du gouvernement la situation pénible des Français, ne refusera pas d'être auprès de lui,
l'organe de leur dévouement, et qu'il se plaira aussi de lui exprimer
que si les uns regrettent de ne pouvoir, dans ce moment, exposer
leur vie pour les nouveaux triomphes des armes de la République,
les autres ne gémissent pas moins en attendant de pouvoir encore
contribuer par leurs travaux, à répandre dans leur patrie, l'abondance
et les richesses du commerce.

Signatures de : Lecointe, secrétaire ; Peïron, agent principal des
concessions d'Affrique ; Guibert, agent du comptoir de Bonne ; le capitaine commandant la 15e compagnie du 3e régiment d'artillerie à
pied, Destu ; Fuginier, lieutenant de vaisseau ; Le Maye, 1er lieutenant
au 3e régiment d'artillerie ; Amicl, commis de l'agence de la Calle ;
Feroure, lieutenant à la 79e demi-brigade ; Oirat, officier de santé
des concessions ; Gierra, drogman à la Calle ; Grenat, commis du
comptoir de la Calle ; Rene, commandant de la 7e compagnie sédentaire ; Fieffé, capitaine en second de la 15e compagnie au 3e régiment
d'artillerie à pied ; Creudié, lieutenant de la 8e compagnie d'artillerie
sédentaire ; Milliuze, lieutenant, commandant un détachement de la
1re compagnie d'ouvriers ; Gordes ; Bogerou, lieutenant de la 9e
compagnie d'artillerie sédentaire ; Raimbert, trésorier au Collo ;
Franz, chancelier de la Calle ; Jean-Baptiste Bonfort, commis dans
la maison Gimon ; Joseph Paret ; Turrel, chancelier de Bonne ;
Granet, agent au Collo ; Gondon, trésorier à Bonne ; Rochas, garde-
magasin de Bonne ; Gautier, trésorier à la Calle ; Astoin-Sielve,
chancelier. »

M. Dubois-Thainville, nommé consul général en remplacement de
M. Moltedo, qui ne pouvait plus continuer ses fonctions, arriva enfin
à Alger après des retards causés par l'état de guerre. Il était porteur
de la lettre ci-après, dont l'original se trouve à la bibliothèque
publique d'Alger, et qui a été publiée dans le no 32 de la *Revue
Africaine.*

N° 132.

Bonaparte,

Premier Consul de la République Française,

A Moustafa-Pacha, Dey d'Alger.

« Illustre et magnifique Seigneur,

« L'état de guerre survenu entre la République Française et la Régence d'Alger, ne prit point sa source dans les rapports directs des deux Etats . il est aujourd'hui sans motif.

« Contraire aux intérêts des deux peuples, il le fut toujours aux inclinations du gouvernement Français. Persuadé qu'il l'est pareillement aux vôtres, je n'hésite point à donner au citoyen *Dubois-Thainville* l'ordre de se rendre près de vous avec des pleins pouvoirs pour rétablir les relations politiques et commerciales des deux Etats, sur le même pied où elles étaient avant la rupture.

« J'ai là confiance que vous ferez à ce négociateur le même accueil que j'aurais fait à celui de vos sujets que vous auriez chargé d'une semblable mission près de moi.

« Recevez, illustre et magnifique Seigneur, l'expression de mes sentiments et de mes vœux pour votre prospérité.

« Donné à Paris, au palais National des Consuls, sous le sceau de la République Française, le 15 floréal an VIII de la République (5 avril 1800).

« *Signatures de* : Le premier Consul, BONAPARTE. — Par le premier Consul, le Secrétaire d'Etat, HUGUES, B. MAZET. — Le Ministre des relations extérieures, CH. MAN. TALLEYRAND. »

A son arrivée à Alger, M. Dubois Thainville conclut un armistice sur lequel les archives du consulat me fournissent les documents ci-après.

N° 133. — Enregistrement de l'armistice illimité, conclu le premier thermidor an huitième (1), entre la Régence d'Alger et la République Française.

« D'ordre du citoyen Dubois-Thainville, commissaire général des relations commerciales de la République Française à Alger, chargé de traiter la paix avec cette Régence, Nous, chancelier de ce commissariat, soussigné, avons enregistré l'armistice illimité conclu aujourd'hui entre cette Régence et la République Française, par le

---

(1) 20 juillet 1800.

canal du citoyen Thainville, et dont le contenu est de la teneur qui suit.

« Armistice illimité conclu entre Son Excellence Mustafa-Pacha, Dey d'Alger, et le citoyen Charles François Dubois-Thainville, commissaire général des relations commerciales chargé de traitter la paix avec cette Régence.

« ARTICLE 1er. — A partir d'aujourd'hui, toutes les hostilités cesseront entre les deux Nations.

« ART. 2. — Il sera sur le champ donné par le Dey, des ordres à tous les Reys de ses corsaires, de respecter le pavillon français, comme le citoyen Dubois-Thainville s'engage à faire deffendre, par son gouvernement, à tous les commandants des armements de la République, de courir sur ceux d'Alger.

« ART. 3. — Tout bâtiment pris de part ou d'autre après le trente messidor sera rendu avec son équipage et sa cargaison.

« ART. 4. — En attendant la paix définitive, les bâtiments d'Alger seront reçus dans les ports de France, comme ceux de la République seront admis dans les ports de cette Régence.

« ART. 5 — Dans le cas de rupture du présent armistice, il est convenu qu'il sera réciproquement donné avis de la reprise des hostilités trente jours avant qu'elles recommencent.

« A Alger, le premier thermidor an huitième de la République Française. — Signés : Mustafa-Pacha Dey, gouverneur d'Alger, la bien-gardée, et Ch. Fr. Dubois-Thainville, Com. gén., revêtu des pleins pouvoirs du gouvernement Français pour traitter la paix avec cette Régence.

« Enregistré, etc. — *Signé:* ASTOIN-SIELVE. »

No 134.

« Nous, Charles François Dubois-Thainville, commissaire général et envoyé de la République Française près le Dey et la Régence d'Alger à l'effet de traitter de la paix.

« Déclarons qu'il vient d'être conclu entre cette Régence et la République Française, une suspension d'armes et cessation d'hostilités. En conséquence, prions et requerrons tous les commandants des armements de la République et ceux des particuliers, de respecter les personnes et les propriétés des sujets Algériens qui ne seroient point en contravention avec les lois de la guerre, etc.

« Donné à Alger, le premier de thermidor de l'an huit de la République Française (20 juillet 1800). »

Nᵒ 135.

« 1ᵉʳ fructidor an 8 (19 août 1800). Réquisition du citoyen Dubois-Thainville, commissaire, etc., pour laisser passer le brigantin Danois Der fried (la paix) et ne point inquiéter en aucune manière Sidi Khadgy Bram Capoudan, ambassadeur de Son Excellence Moustafa-Pacha, Dey de cette Régence, ni sa suite, qui se trouvent embarqués sur le dit bâtiment et destinés pour Londres ou pour tout autre port d'Angleterre. »

Après deux mois de négociation, les bases de la paix furent arrêtées. M. Dubois-Thainville considéra la réconciliation comme définitive et fit enregistrer sa commission de *chargé d'affaires* à la chancellerie du Consulat de France à Alger. C'est ce qui ressort des trois documents ci-après.

Nᵒ 136. — Enregistrement des provisions du citoyen Dubois-Thainville, commissaire général des relations commerciales et chargé d'affaires de la République Française à Alger.

« L'an neuvième de la République Française, et le huit vendémiaire (24 septembre 1800), à quatre heures de relevée, nous chancellier soussigné à la réquisition du citoyen Dubois-Thainville, commissaire général des relations commerciales, chargé d'affaires de la République Française en cette échelle, avons enregistré ses provisions dont la teneur suit ainsi :

« Au nom du peuple Français.

« Le premier Consul de la République ayant confirmé le citoyen Charles François Dubois-Thainville dans la place de commissaire général des relations commerciales et chargé d'affaires de la République Française à Alger, lui ordonne de se rendre sans délai à sa destination, pour y exercer conformément aux lois, les fonctions qui lui sont confiées. Le premier Consul enjoint aux négociants, capitaines, maîtres, patrons et équipages, ainsi qu'à tous autres Français résidant dans l'étendue du commissariat général d'Alger, de reconnaître le citoyen Dubois-Thainville en la qualité qui lui est donnée au nom du peuple Français et de lui rendre compte de la destination de la navigation de leurs bâtiments et de tout ce qui peut intéresser le service dont il est chargé ; ils lui présenteront à cet effet leurs congés, expéditions, passeports et se conformeront exactement à tout ce qu'il leur prescrira. Le premier Consul prie l'illustre et magnifique Dey d'Alger d'ordonner à tous gouverneurs et officiers de ses Etats, de reconnaître le citoyen Dubois-Thainville en la dite qualité de commissaire général des relations commerciales et chargé d'affaires de la République Française, afin qu'il puisse exercer librement ses fonctions, sans qu'il y soit apporté aucun trouble ni empêchement, offrant d'user d'une réciprocité parfaite pour tous qui lui seront ainsi recommandés.

« Donné à Paris, au Palais National des Consuls, sous le sceau de la République Française, ce quinze floréal an huit de la République Française (5 mai 1800). Signés : le premier Consul, Bonaparte ; plus bas, par le premier Consul, Hugues B. Mazet, secrétaire d'Etat ; et à côté : le Ministre des Relations extérieures, Ch. Tayllerand, à l'original.

« Enregistrés môt à môt les susdites provisions sur l'original à nous exhibé par ledit citoyen Dubois-Thainville, qui l'a retiré sur le champ, après avoir signé avec nous, le présent enregistrement et qui a commencé ses fonctions aujourd'hui jour de la conclusion de la paix entre la République Française et cette Régence, qu'il a terminée conformément aux pleins pouvoirs qu'il en avait à cet effet du premier Consul. Au dit Alger, les jours, mois et an que dessus. — *Signatures de :* DUBOIS-THAINVILLE, ASTOIN-SIELVE. »

Nᵒ 137.

LIBERTÉ. RÉPUBLIQUE FRANÇAISE. ÉGALITÉ.

« Nous, Charles François Dubois-Thainville, commissaire général des relations commerciales et chargé d'affaires de la République Françoise près le Dey et la Régence d'Alger ;

« Sidi Khadgy Youssuf Khodja, Vekil Khardji, ou ministre de la Marine de cette Régence, nommé par Son Excellence Moustafa Pacha, Dey de la dite Régence, pour se rendre en qualité d'ambassadeur à Constantinople avec des présents pour Sa Hautesse et pour les ministres de la Porte, s'embarquant avec sa suite et ses équipages sur le vaisseau des Etats-Unis de l'Amérique, le George Washington, de trente-deux pièces de canon, commandé par le capitaine William Bambridge ;

« Considérant que la République Française est en pleine paix avec cette Régence depuis le huit de ce mois, et que le dit bâtiment apartient à une Nation neutre en paix avec la France ;

« A la demande de Son Excellence le Dey,

« Nous, dit commissaire, requerons tous ceux qui ces présentes

verrons de laisser passer librement le susdit bâtiment, sans permettre
qu'il soit aporté aucun trouble ni empêchement à sa navigation et
qu'on inquiète et moleste en aucune manière le dit Sidi Khadgy
Youssuf Khodja et sa suite, mais au contraire, de leur donner aide et
assistance en tous leurs besoins et nécessités.

« En foi de quoi nous avons délivré les présentes signées par nous,
contresignées par le citoyen Astoin-Sielve, chancellier de ce commissariat, et munies du sceau du ci-devant Consulat (celui du commissariat n'ayant pas été encore envoyé). A Alger, le 21 vendémiaire
an neuvième de la République. (13 octobre 1800).

No 138. — 4 brumaire an 9, 26 octobre 1800, Passavant donné par le Consul
Dubois-Thainville à Sidi Mohamed, neveu et Khaznadar du Dey, qui s'en va
à son pays (Rhodes).

« Cependant, dit le *Précis*, l'orgueil Algérien se réveilla en voyant
la France faire la première démarche. Habitué qu'était le Dey à faire
payer chèrement la paix aux puissances à qui il l'accordait, il
osa demander 200,000 piastres fortes, avant que de la signer. Indigné
de cette prétention, Dubois-Thainville fit entendre des paroles de
menace sans que le Dey s'en formalisât, mais il s'en tint à sa première demande. Pressé par le général Berthier, qui dans sa correspondance, cherchait à lui faire sentir la nécessité d'une prompte pa-
cification avec Alger, Dubois-Thainville se décida enfin à accorder le
million demandé. Il fut convenu que le traité serait signé immédiatement après la remise de cette somme; et lorsque le chargé d'affaires
sortit du palais, le Dey lui dit : « Oublions le passé; je veux que nous
« soyons plus amis que jamais. » Mais c'était une promesse vaine,
car un nouveau Capidji de la Porte étant arrivé, fit de grands re-
proches au Dey, et l'obligea à suspendre la signature du traité; il
déclara en plein divan, au nom du Grand-Seigneur, que si la Régence
désobéissait une seconde fois, le capitan-pacha réunirait sa flotte à
celle de l'amiral Keitte, pour venir châtier Alger. Il était évident que
les Anglais avaient seuls mené toute cette affaire, et par conséquent
armé la Régence contre la République. »

« 1801. Le 25 janvier, une nouvelle déclaration de guerre fut noti-
fiée au chargé d'affaires, à qui on laissa la faculté de se retirer; .
mais Dubois-Thainville déclara qu'il ne profiterait de cette permission
qu'autant qu'elle existerait pour tous les autres Français. Cette
réponse fit naître quelques difficultés que son courage et son habileté

surmontèrent. Il se retira à Alicante avec tous ses nationaux...,... La mission de Dubois-Thainville à Alger n'avait pas été sans résultat ; Ce digne représentant avait retiré 700 Français de l'esclavage. » (*Précis*).

Ce n'est qu'en 1802 que la paix fut conclue et que Dubois-Thainville revint à Alger avec ses nationaux. Voici le traité qui intervint à la suite d'un rapport extrêmement curieux, adressé au premier Consul par le ministre des relations extérieures, et dont la *Revue Africaine* a déjà publié le texte (1) :

N° 139. — Traité de paix entre la République Française et la Régence d'Alger, conclue le 1er nivose an X, et le 22 du mois de Chaban, l'an 1216 de l'hégire.

« Le gouvernement Français et la Régence d'Alger reconnaissent que la guerre n'est pas naturelle entre les deux Etats, et qu'il convient à la dignité comme aux intérêts de l'un et de l'autre de reprendre leurs anciennes liaisons.

« En conséquence, Mustapha pacha Deï, au nom de la Régence, et le citoyen Charles-François Dubois-Thainville, chargé d'affaires, et commissaire général des relations commerciales de la République Française, revêtu des pleins pouvoirs du premier Consul, à l'effet de traiter la paix avec la Régence, sont convenus des articles suivants :

« Article 1er. Les relations politiques et commerciales sont rétablies entre les deux Etats telles qu'elles existaient avant la rupture.

« Art. 2. Les anciens traités, conventions et stipulations seront revêtus dans le jour, de la signature du Deï et de celle de l'agent de la République.

« Art. 3. La Régence d'Alger restitue à la République Française les concessions d'Afrique de la même manière et aux mêmes conditions que la France en jouissait avant la rupture.

« Art. 4. L'argent, les effets et marchandises dont les agents de la Régence se sont emparés dans les comptoirs, seront restitués, déduction faite des sommes qui ont servi à payer les redevances dues à l'époque de la déclaration de guerre du 1er nivose an 7. Il sera, en conséquence, dressé de part et d'autre, des comptes qui devront être consentis mutuellement.

____

(1) Voir la *Revue Africaine* du n° 32.

« Art. 5. Les *lismes* (redevances) ne seront exigibles que du jour où les Français seront rétablis dans les comptoirs.

« Art. 6. A partir de cette époque, le Deï, pour indemniser la Compagnie d'Afrique des pertes qu'elle a éprouvées, lui accorde une exemption générale de *lismes* d'une année.

« Art. 7. Les Français ne peuvent être retenus comme esclaves dans le royaume d'Alger en quelque circonstance et sous quelque prétexte que ce soit.

« Art. 8. Les Français saisis sous un pavillon ennemi de la Régence ne pourront être faits esclaves, quand même les bâtiments sur lesquels ils se trouveront, se seraient défendus, à moins que fesant partie de l'équipage comme matelots ou soldats, ils ne soient pris les armes à la main.

« Art. 9. Les Français passagers ou résidant dans le royaume, sont soumis à toute l'autorité de l'agent du Gouvernement Français. La Régence ne peut, et ses délégués n'ont aucun droit de s'immiscer dans l'administration intérieure de la France en Algérie.

« Art. 10. Les capitaines de bâtimens Français, soit de l'Etat, soit particuliers, ne pourront être contraints de rien embarquer sur leurs bords contre leur gré, ni être envoyés où ils ne voudraient point aller.

« Art. 11. L'agent du Gouvernement Français ne répond d'aucunes dettes pour les particuliers de sa Nation, à moins qu'il ne soit engagé, par écrit, à les acquitter.

« Art. 12. S'il arrive une contestation entre un Français et un sujet Algérien, elle ne pourra être jugée que par les premières autorités, après toutefois que le commissaire Français aura été appelé.

Art. 13. Son Excellence le Deï s'engage à faire rembourser toutes les sommes qui pourraient être dues à des Français par ses sujets ; comme le citoyen Dubois-Thainville prend l'engagement, au nom de son Gouvernement, de faire acquitter toutes celles qui seraient légitimement réclamées par des sujets Algériens.

« Art. 14. Les biens de tous Français morts dans le royaume d'Alger, sont à la disposition du commissaire général de la République.

« Art. 15. Le chargé d'affaires et les agents de la Compagnie d'Afrique choisissent leurs drogmans et leurs censaux.

« Art. 16. Le chargé d'affaires et commissaire général des relations commerciales de la République Française continuera à jouir de tous les honneurs, droits, immunités et prérogatives stipulés par les anciens traités. Il conservera la prééminence sur tous les agens des autres nations.

« Art. 17. L'asyle du commissaire Français est sacré : aucune force publique ne peut s'y introduire s'il ne l'a lui-même requise des chefs du gouvernement Algérien.

« Art. 18. Dans le cas d'une rupture (et à Dieu ne plaise qu'un pareil évènement puisse jamais arriver) les Français auront trois mois pour terminer leurs affaires. Pendant ce tems, ils jouiront de toute l'étendue de liberté et de protection que les traités leur assurent en pleine paix. Il demeure entendu que les bâtiments qui aborderaient dans les ports du royaume pendant ces trois mois, participeront aux mêmes avantages.

« Art. 19. Son Excellence le Deï nomme Saah Khodja pour se rendre à Paris en qualité d'ambassadeur.

« Ecrit le 22 de chaban de l'année 1216.

« En vertu des pleins pouvoirs du premier Consul Bonaparte :

« Le chargé d'affaires et commissaire général des relations commerciales de la République Française, *Signé:* DUBOIS-THAINVILLE. (Sceau).

Le 30 août 1805, Mustapha-Pacha fut assassiné par la milice et remplacé par Ahmed Pacha. Celui-ci s'empressa de confirmer le traité conclu avec la France, et accueillit avec bienveillance le chargé d'affaires de l'Empire, quoiqu'il fût le seul des consuls qui ne lui eût pas fait de présent à son avènement.

« 1806. Quelques différends s'élevèrent entre le Dey et le Consul de France au sujet des concessions dont le premier était depuis quelque temps créancier. Il prétendait aussi que le Consul lui devait des présents, usage qui avait été aboli par Bonaparte. Enfin Ahmed refusa formellement d'assimiler le pavillon Napolitain à celui de France malgré la notification qui lui avait été faite de l'avènement de Joseph Napoléon à la Couronne de Naples. Ce refus irrita l'Empereur contre lui.

« 1807. A la fin de l'année, Napoléon fit déclarer au Dey que s'il ne restituait pas 100 prisonniers Génois et Sardes qu'il avait entre les mains, son Consul ainsi que tous les Français établis dans le pays, seraient rappelés en France. Après de longues contestations, Ahmed céda à la crainte, et les esclaves furent immédiatement rendus. » (*Précis*).

Je trouve dans les *archives* du consulat, la pièce ci-après qui est relative à cet incident diplomatique.

N⁰ 140. — Enregistrement d'une lettre de Son Excellence monseigneur de Champagny, Ministre des relations extérieures à M. Dubois-Thainville, chargé d'affaires et Consul général de France à Alger, écrite en chiffres.

« Fontainebleau, le 17 octobre 1807.

« Sa Majesté a vu, monsieur, avec surprise et mécontentement que le Deï d'Alger continue de s'emparer des bâtiments de Gênes, et de retenir des Gênois prisonniers après avoir reconnu comme il l'a fait, que ce pays est réuni à l'Empire Français. Si le Dey persiste dans cette disposition, Sa Majesté vous ordonne de quitter Alger ; la France déclarera la guerre à cette Régence.

« J'espère encore, monsieur, que vos représentations pourront amener ce Gouvernement à éviter une rupture ; mais si vos conseils sont sans effet, je vous prie de chercher, avant votre départ, de mettre à couvert les personnes, et garantir les propriétés des Français.

« Recevez, etc. — *Signé :* CHAMPAGNY.

Le 7 novembre 1808, Ahmed Pacha tomba sous les coups de la milice et eut pour successeur Ali-Khodja, qui fut étranglé le 4 mars 1809, et remplacé par El Hadj Ali.

Le 17 juin 1809, M. Dubois-Thainville, ayant obtenu l'autorisation de rentrer momentanément en France, laissa la gestion du consulat à M. Raguesseau de la Chainaye, celui-ci est ainsi désigné dans les actes de chancellerie :

N⁰ 141.

« Alexandre-Louis Raguesseau de la Chainaye, vice-consul, chargé par intérim du consulat général et des affaires de S. M. I. et R. à Alger. »

En 1810, à la suite d'une difficulté qui s'éleva entre le chargé d'affaires de France et l'Oulkil-Hardji de la marine Hadj Ali ordonna au premier de s'embarquer pour la France. M. Raguesseau, considérant cet ordre comme un signal de rupture, voulut emmener avec lui tous les Français qui étaient à Alger ; mais on le fit partir seul, et par surprise, sur un bâtiment Américain qui était prêt à mettre à la voile. Indignés de cette action, les consuls en témoignèrent hautement leur mécontentement. Le chancelier du consulat de France, se regardant désormais comme prisonnier, refusa de délivrer des passe-ports aux bâtiments Algériens. Il prit, cependant, la gestion du consulat et il est ordinairement désigné comme il suit dans les actes de chancellerie.

No 142.

« Ferrier (Jean-Joseph Roch), chancelier, gérant provisoirement le consulat général de France en absence du chargé d'affaires de S. M. l'Empereur et Roi »

Le document ci-joint emprunté aux archives du consulat, indique que l'incident Raguesseau, ne paraissait pas au Gouvernement Français de nature à motiver une guerre contre la Régence.

No 143.

« Toulon, le 5 juin 1810.

« A monsieur Ferrier, chancelier du Consulat de France à Alger.

« Monsieur,

« D'après les ordres que je viens de recevoir de Son Excellence le Ministre de la Marine et des Colonies, je suis autorisé à laisser librement partir pour Alger tous les bâtiments de quelque Nation qu'ils soient, qui auraient cette destination. Cette mesure annonce positivement que le Gouvernement Français est disposé à vivre de bonne intelligence avec la Régence d'Alger, et que les différends survenus entre M. Raguesseau et le Dey, ne troubleront point les rapports d'amitié qui existent entre les deux puissances. Je vous donne avec plaisir cet avis, monsieur, parce que je sais qu'il vous sera agréable et vous pouvez le communiquer afin de détruire l'effet de toutes les démarches que les ennemis de la paix n'auront pas manqué de faire dans les circonstances qui se sont présentées.

« J'ai l'honneur de vous saluer.

« Le Général, Préfet Maritime, comte de l'Empire, (signature illisible).

Le 27 avril 1811, M. Dubois-Thainville, muni du titre d'inspecteur des consulats de Sa Majesté en Barbarie, reparut à Alger sur la frégate l'*Amélie* que commandait M. Meynard. Avant qu'il ne débarquât le Dey lui fit dire que dans le cas où il n'apporterait pas les présents d'usage dus par les nouveaux consuls, il ne lui permettrait pas de descendre à terre. Malgré tout ce qu'il put répondre, l'agent Français fut obligé de se soumettre à l'obligation qu'on lui imposait, aimant mieux faire ce sacrifice que de compromettre la négociation dont il était chargé, et qui avait pour but le rétablissement de la bonne intelligence entre les deux Nations. Toutefois, il exigea préalablement du Dey que la valeur de certaines prises qui étaient réclamées par l'Angleterre et l'Espagne, et que la Régence conservait en dépôt, lui fût immédiatement remise, et que les esclaves provenant de ces prises fussent renvoyés en France. De son côté, il s'engageait à faire lever le séquestre que l'on avait mis sur les propriétés Algériennes à Marseille.

Les deux documents ci-après, puisés dans les archives du consulat, jettent un jour tout particulier sur les difficultés que M. Dubois-Thainville rencontra dans l'accomplissement de sa mission.

N° 144. — Enregistrement d'une lettre écrite par M. Gionni Trapani, chargé de pouvoirs de M. Dodero, armateur du corsaire le Chasseur, à M. Dubois de Thainville, Consul général chargé des affaires de France et d'Italie, près le Deï et la Régence, officier de la Légion d'honneur.

« Alger, le 28 avril 1811.

« Monsieur le Consul général,

« Votre arrivée en cette rade a été pour nous un véritable jour de fête qui s'est bientôt changé en jour de deuil. Nous apprenons que les démêlés ne peuvent se terminer entre vous et la Régence, et que vous devés faire voile pour retourner en France. Notre situation, M. le Consul, va devenir affreuse. Déjà les Français ne peuvent plus communiquer avec vous, et nous devons nous attendre à toute sorte de désagréments. M. le Consul de Suède m'assure que le succès de la négociation tient surtout à des présents que le Deï s'obstine à exiger. Si, comme je le crains, il persiste dans son opinion, si les dépenses pour cet objet vous arrêtent, je vous propose de les prélever sur les fonds provenant des prises. Les armateurs doivent d'autant plus être satisfaits de faire ce sacrifice, qu'il faut regarder tous les fonds qui se trouvent ici comme très-exposés, si nous avons le malheur que vous ne reprenez pas ici vos fonctions. Je suis chargé de pouvoirs de l'armateur de la riche prise Anglaise, *la Marie*; dont le produit s'élève à 130,000 piastres fortes. Je m'engage de la manière la plus formelle à cet égard, mais il doit être bien entendu, M. le Consul, que mon engagement est subordonné à la restitution des 160,000 piastres fortes provenant des prises d'Oran, que le Deï retient en dépôt au Palais, et qu'il doit être stipulé de la manière la plus précise, que ces fonds vous seront consignés, sans quoi mon engagement cesserait d'avoir lieu. J'espère qu'au moyen de cela, il vous sera possible de terminer les démêlés au gré de vos désirs et de ceux de tous les Français que votre départ réduirait aux derniers excès du désespoir, etc.

« Enregistré à Alger, le 20 mars 1813. »

Nº 145. — Enregistrement d'une lettre écrite par M. Johan Norderling, agent général de Suède à Alger, à M. Dubois de Thainville, consul général chargé d'affaires de France et d'Italie, près le Deï et cette Régence, officier de la Légion d'honneur.

« Alger, le 19 octobre 1811.

« Monsieur,

« J'ai reçu la lettre que vous m'avez fait l'honneur de m'écrire le 17 de ce mois. Vous vous y plaignés, monsieur, des procédés de la Régence à votre égard et de son peu d'empressement à remplir les conditions arrêtées entr'elle vous et moi, à votre arrivée dans ce pays, ce qui vous a mis dans la nécessité de demander ma déclaration, ou mon témoignage officiel concernant la teneur des dites conditions.

« Avant de satisfaire à une demande si raisonnable, je me dois la justice de dire que si dans la négociation qui eut lieu le 23 avril dernier, je ne peux pas me qualifier votre fondé de pouvoirs je n'ai certainement pas été celui du Dey, mon emploi et le respect dû à mon Gouvernement me défendaient d'accepter une pareille charge.

« J'ai paru à bord des frégates de Sa Majesté Impériale comme médiateur, ou plutôt comme interprète fidèle des demandes des deux parties intéressées, précisément comme tant d'autres agents et consuls l'ont été, auxquels la Régence s'est adressée en pareilles occasions.

« Après bien des discussions, dans lesquelles je n'ai pas cessé de combattre les prétentions de Son Excellence, et après avoir obtenu votre consentement, nous restâmes d'accord de ce qui suit, savoir :

« 1º La levée du sequestre mis de part et d'autre sur bâtiments, marchandises, équipages, etc.

« 2º En conséquence de cet article fondamental, les sommes provenant de la vente des prises conduites à Oran, et très-expressément de celle connue ici, sous le nom de la riche prise, vendue à près de 130,000 piastres d'Alger, vous devraient être remises, aussitôt que Son Excellence aurait quelques explications avec le Kalif d'Oran, qui était attendu à Alger sous peu de jours. Maintenant et avant que je fusse pour la dernière fois à bord des frégates de S. M. I., toute la marine se rendit garant du rapport favorable du Kalif d'Oran, et il est de notoriété publique qu'il a rendu une justice complette aux titres des armateurs Français sur les dites prises.

« 3º De votre part, un présent consulaire, tel à peu près que le consul d'Angleterre venait de payer.

« 4º Le Deï promit d'envoyer à Sa Majesté l'Empereur un présent tel qu'il a coutume d'envoyer à d'autres souverains.

« 5º Permission à tous les Français détenus ici et provenant soit des prisons d'Espagne ou de Malte et Gibraltar, de s'embarquer immédiatement sur les frégates Françaises.

« 6º Il vous serait libre, monsieur, de vous retirer de ce pays, quand bon vous semblerait.

« Voilà, monsieur, tous les articles de l'espèce de traité ou arrangement fait entre Son Excellence le Deï et moi, préalablement à votre débarquement, et lesquels articles vous furent immédiatement confirmés par les drogmans de France et de Suède, et par M. Léon, votre interprète arabe, qui tous les trois ont été les témoins constants de tout ce qui s'est passé au Palais dans cette affaire.

« Je suis extrêmement pené de la scène qui vient d'avoir lieu chez vous, mais je n'en suis guère surpris ; car aussi longtemps qu'il reste un germe de certaines familles israélitiques à Alger, nous devons nous attendre à des intrigues et à des vexations incalculables. Ces gens paraissent déterminés à jouer le tout pour le tout, et je crains qu'ils ne visent à mettre la Régence dans le même cas.

« J'ai l'honneur d'être, avec la considération la plus distinguée, monsieur,

« Votre très-humble serviteur, signé : Johan Norderling, agent général de Suède à Alger.

« Enregistré à Alger, le 20 mars 1813. »

La série des documents dont j'ai entrepris la publication, va se trouver bientôt épuisée. Il ne me reste à présenter que trois pièces d'une importance secondaire, dont deux sont relatives à la confirmation de M. Dubois de Thainville, par Louis XVIII, et une à la nomination de M. Deval aux fonctions de Consul général de France à Alger en 1816. Il m'a été impossible de retrouver le surplus de la partie des archives du consulat qui présente un intérêt particulier au point de vue historique, et il est malheureusement à craindre que cette lacune ne puisse jamais être comblée.

N° 146. — Enregistrement de la Commission de Louis 18e en faveur de
M. Dubois de Thainville, qui l'authorise à faire confirmer en son nom nos
traités avec la Régence.

« Louis, par la grâce de Dieu, Empereur et Roi très-chrétien de
France et de Navarre, à tous ceux qui ces présentes verront, salut.
Nous n'avons rien de plus pressé à notre avènement au trône, que de
conserver une sincère paix, amitié et bonne intelligence entre nous
et la Régence d'Alger et les sujets respectifs des deux Etats. A ces
causes, nous avons donné et donnons par ces présentes signées de
notre nom, pouvoir, commission et mandement spécial à notre cher
et bien aimé le sieur Dubois-Thainville, consul général de France et
chargé de nos affaires auprès du Dey d'Alger, de signer avec le dit
Seigneur Dey d'Alger, ou une personne chargée de sa part et munie
de pleins pouvoirs suffisants, la confirmation des anciens traités qui
existent entre l'Empire de France et la Régence d'Alger. Promettons
en foi et parole d'Empereur et de Roi d'avoir agréable et tenir ferme
et stable la dite confirmation qui aura été signée par le sieur Dubois-Thainville, sans aller ni souffrir qu'il soit allé directement ou
indirectement, au contraire pour quelque cause et occasion que ce
puisse être, et d'en fournir la ratification en bonne et due forme
dans les termes dont on sera convenu, car tel est notre plaisir. En
foi de quoi, nous avons fait mettre à ces présentes, notre sceau secret
Impérial et Royal.

« Donné à notre château Impérial des Tuileries à Paris, le vingtième jour de mai de l'an de grâce dix-huit cent quatorze et de
notre règne le dix-neuvième.

« Signé : Louis, timbré des armes royales. Et plus bas contresigné : le prince de Benevent, Ministre et Secrétaire d'Etat au département des affaires étrangères. Enregistré à Alger, le 6 juillet
1814. »

N° 147. — Assemblée des Français résidants ou de passage à Alger, à l'occasion d'une commission émanée de S. M. T. C. en faveur de M. Dubois-
de Thainville, son consul général et chargé d'affaires de ce royaume.

« L'an mil huit cent quatorze, et le dix du mois de juillet, après-
midi, par mandement de M. Dubois de Thainville, consul général de
France, chargé d'affaires de S. M. T. C. près le Dey et la Régence
d'Alger, ont été convoqués M. M. les Français résidants ou de passage
en cette ville, dans la salle de la maison Consulaire, où étant (et

écrivant sur ce, sieur Jean Joseph Roch Ferrier, chancelier de ce consulat général), M. Dubois de Thainville a dit :

« Messieurs,

« J'ai déjà eu l'honneur de vous informer des évènements mémorables qui ont rendu l'auguste famille des Bourbons aux vœux des Français. Je vous fais assembler aujourd'hui pour vous annoncer l'heureux avènement de Louis 18 au throne ; S. M. T. C. en me confirmant dans mes fonctions, a daigné me faire adresser ses pleins pouvoirs pour traitter avec le Deï du renouvellement et ratification des anciens traités de paix, d'amitié et de commerce entre la France et la Régence d'Alger. Ils m'ont été transmis par une lettre de S. A. S. monseigneur le prince de Benevent, son Ministre et Secrétaire d'Etat au département des affaires étrangères. M. le Chancelier vous en donnera connaissance. Et a signé. *Signature de :* DUBOIS DE THAINVILLE.

« Et lecture faite par le Chancelier à M. M. les Français convoqués, de la commission royale émanée du château des Tuileries le 20 mai dernier, ces M. M. ont unanimement témoigné la vive satisfaction qu'ils éprouvaient de son contenu qui leur atteste que S. M. au milieu des affaires les plus importantes, daigne s'occuper du soin de rétablir les relations du commerce entre les deux Etats. Ils ont également exprimé les vœux les plus sincères qu'ils forment pour la conservation des précieux jours de S. M. et la prospérité de son règne. Et ont signé. — *Signatures de :* AUGUSTE HEURAT ; J.-B. VAILHEN ; TAMA ; Gme BARTHALOT ; DARMON ; GIMON ; Antne LÉON ; GIRARD ; FERRIER, chancelier. »

Nᵒ 148. — Enregistrement des provisions de Consul général de France à Alger pour M. Deval, Pierre.

« *Louis*, par la grâce de Dieu, Roi de France et de Navarre, à tous ceux qui ces présentes lettres verront, salut. Etant nécessaire de pourvoir à la charge de notre Consul général à Alger, et étant informé de l'intelligence, probité, zèle et fidélité à notre service du sieur Deval, Pierre, nous avons fait choix de sa personne pour remplir et exercer la dite charge. A ces causes, nous avons commis, ordonné et établi, et par les présentes signées de notre main, commettons, ordonnons et établissons le dit sieur Deval (Pierre) Consul général pour, en cette qualité, exercer conformément aux dispositions des ordonnances et instructions, les fonctions qui lui sont confiées.

Voulons qu'il jouisse des honneurs, autorité, prééminence et prérogatives attachés à la dite charge. Ordonnons à tous navigateurs,
commerçants et autres, nos sujets, de le reconnaître et de lui obéir.
Prions et requerons l'illustre et magnifique Seigneur le Dey d'Alger,
ses ministres, gouverneurs et officiers, de faire reconnaître le sieur
Deval (Pierre) en la qualité ci-dessus exprimée, afin qu'il puisse
exercer librement ses fonctions, sans qu'il y soit apporté aucun trouble
ni empêchement, offrant d'user d'une réciprocité parfaite lorsque
nous en serons priés et requis. En témoin de quoi nous avons fait
mettre notre sceau à ces présentes.

« Donné à Paris, le premier jour du mois de décembre de l'an
de grâce mil huit cent quatorze, et de notre règne le vingtième.

« *Signé :* LOUIS.

« (Timbre des armes de France).

« Le Ministre d'Etat, chargé par intérim du portefeuille des affaires
étrangères,

Contresigné : LE COMTE FRANÇOIS DE JANCOURT.

« Enregistré à Alger, le 23 février 1816, à la requête de M. Deval. »

FIN.

6938 Toulon. — Imp. d'E. Aurel